動画つき

自宅でマスター

はじめての太極拳

新版

10式でかんたん！
1日3分の健康習慣

帯津三敬塾クリニック
太極拳講師
鵜沼宏樹 監修

●はじめに●

続けるほど醍醐味を味わえる太極拳

中国のどの都市を訪れても、早朝から、公園や広場で太極拳にいそしむ人々の姿を目にします。中国人にとって太極拳は、日本のラジオ体操のようないわば「国民的体操」。シルバー世代もたくさんいますが、皆さんとても高齢とは思えない優雅な身のこなしを演じて見せます。

初めてでも、周囲の人の動きに合わせて体を動かすだけで、十分効果的な全身運動になる太極拳。さらに太極拳は、一人で、いつでもどこでもできる生涯運動としての側面もあります。

仕事の合間や、電車やバスの待ち時間に、短い単純な動作を試してみるのもよいでしょう。特に核心となる「片足ずつの重心移動」を行うだけでも、太極拳のエッセンスが体に馴染んでいくのが分かるはずです。この動きにより、筋力、平衡感覚、柔軟性、敏捷性が養われます。体験者からは「最初は難しくてできないと思ったけれど、真似するだけでいいといわれてリラックスできた」「気楽に続けていたらとても楽しくなった」「半年後に気づいたら、前より転んだりつまずいたりすることがなくなった」などの報告もたくさん届いています。

続ければ続けるほど魅力が増すのが太極拳です。たとえ上手にできなくても、初期段階から効果を実感できるというのも、ほかの健康法にはなかなかない大きな特徴です。

ぜひ読者の皆さんも日常生活に取り入れていただき、心と体の安らぎを得るメソッドとして、役立てていただければと思います。

CONTENTS

動画つき　自宅でマスター

はじめての太極拳

10式でかんたん！　1日3分の健康習慣

※本書は2021年発行の『動画つき 自宅でマスター はじめての太極拳 10式でかんたん！ 1日3分の健康習慣』の動画の視聴形態を変更し、「新版」として発行したものです。

動画を観ながらやりましょう!

スマートフォン・タブレットで動画を観る方法

お手持ちのスマートフォンやタブレット端末のバーコードリーダー機能や二次元コード（QRコード）読み取りアプリで、本書に表示されている二次元コードを読み取ると、動画の再生画面にアクセスできます。

※二次元コード(QRコード)については、お手持ちのスマートフォンやタブレット端末バーコードリーダー機能や読み取りアプリなどをご活用ください。
※機種ごとの操作方法や設定等に関するご質問には対応しかねます。その他、サーバー側のメンテナンスや更新などによって、当該ウェブサイトにアクセスできなくなる可能性もありますので、ご了承ください。
※動画の視聴には、別途通信料等がかかります。また、圏外でつながらないケースもありますので、合わせてご了承ください。
※動画の権利は株式会社スタジオパラムと株式会社メイツユニバーサルコンテンツに属します。家庭内の私的鑑賞以外での上映・配信、再配布や販売、営利目的での利用はお断りします。

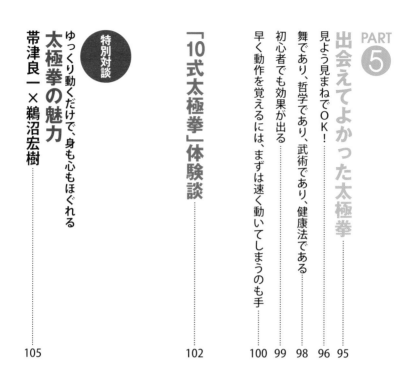

PART 1

ここがスゴイ！太極拳

「太極拳って難しそう」と、身構える必要はありません。そのゆったりとした独特な動きにより、呼吸が整い、見よう見まねで何となくやるだけでも心身によい影響がおよぶのが、太極拳のスゴイところなのです。

太極拳とは？
呉図南先生いわく「間違ってもいい」のが太極拳
重症患者の表情がパッと明るく！
「ゆっくり押し引き」に「呼吸のリズム」が呼応する

CHAPTER 1

太極拳とは？

中国伝統の太極拳は、清の時代に皇帝たちも護身術として身につけてきた、悠久の歴史を持つ武術です。「太極」という言葉は、宇宙の万物は陰と陽とに分類されるという「陰陽論」に由来。そのため、太極拳の型はすべてが陰陽を基本として成り立っています。そこには儒学、道教、仏教などの哲学理論まで含まれるという、とても奥深い拳法なのです。

こうした自然原理に基づく太極拳の動作は、武術でありながら、心と体を健やかに保つ効果にも優れています。呼吸に伴うゆったりとした動きが、体内の気・血を全身に巡らせて新陳代謝を活発にし、健康増進や美容効果を促進します。バランス感覚をはじめとする運動機能の向上に優れるとともに、ストレス解消にもつながるため精神を安定させる働きもあります。

ただし、武術家に伝えられてきた太極拳は、動作と所要時間の

点で習得が難しい武術でした。そこで１９５６年、中国政府は代表的な型を整理、統合して簡略化。現在広く普及している「24式（または簡化）太極拳」ができたのです。

　中国人は、この簡化版を学校でも学ぶため多くの人が親しんでいますが、日本人にとっては馴染みにくいかもしれません。そこで考案されたのが、さらに簡略化して「10式」にまとめた「10式太極拳」。わずか3分、畳1帖分のスペースででき、なおかつ24式の主要なパートがほぼ含まれるダイジェスト版です。

　本書で紹介する準備運動の「ブラブラ体操」と組み合わせれば、太極拳の不思議な力をだれもが享受できます。初心者でも大丈夫。今現在、心身が不調の人や、調子をよりよくしたい人も大歓迎。「10式太極拳」は、あらゆる人にその効果を約束します。

中国では学校や公園で、多くの人が太極拳に親しみ、健康増進、精神安定などの恩恵を受けている

CHAPTER 2

呉《ご》図《と》南《なん》先生いわく「間違ってもいい」のが太極拳

若かりし20歳だった鵜沼宏樹先生が太極拳の探究を本格的に始めたのは、１９８２年のこと。当時98歳だった呉図南先生という老太極拳家に出会ったのがきっかけでした。呉図南先生は、「亀仙人のモデル」といわれる人です。呉図南先生が公園で会ってくれた時に、鵜沼先生は指１本で転がされてしまったといいます。それからというもの、太極拳の「健康」「長寿」「武術」の各分野の力に驚嘆し、没頭することになるのです。

鵜沼先生が「10式太極拳」を考案するに至ったのは、呉図南先生が亡くなる半年前のこと。健康長寿に関した太極拳の秘訣をうかがう最後のチャンスと思い、１０５歳になる呉図南先生のもとを訪ねました。すると「呼吸や技術の秘訣などない」といわれたそうです。鵜沼先生は、自分が外国人だからと軽んじられていると思い、がっかりしたといいます。「動作も少なくていいし、型が少々間違っても構わない。ただ、食事のように毎日するだけ」だと……。しかし、この教えこそ、のちのち「10式太極拳」を完成させる決定打となったのです。

太極拳の秘訣をうかがおうと呉図南先生（写真右）のもとを訪れた、若かりしころの鵜沼先生

CHAPTER 3

重症患者の表情がパッと明るく！

漫然と、武術としての動作を繰り返す太極拳。丸く丸く動くだけだから、筋肉を伸ばしきるストレッチのような効果も十分ではありません。「太極拳の動きは自然だからいい」などともいわれますが、当時は「歩く動作の方が自然」だとすら、鵜沼先生は思っていました。

なぜ、健康にいいのか？　明快な答えを出せずにいました。ただし、鵜沼先生が担当している総胆管癌を患う患者さんの、太極拳をしたあとの顔色が、実によかった。表情も、パッと明るくなったそうです！

食べることもできない重症者だから、点滴を携えながら行う太極拳です。もちろん、ちゃんとした型にもなっていません。だけど、明らかに「効いている」のがうかがえました。

ここに、呉図南先生の「動作は少々間違っていても構わない。ただ食事のように毎日やればいい」「呼吸や技術に秘訣なんてない」という言葉が思い出されたのです。

帯津三敬病院の道場で太極拳に励まれる皆さん

CHAPTER 4

「ゆっくり押し引き」に「呼吸のリズム」が呼応する

太極拳は、ゆっくりとした押し引きの動作を繰り返すのが特徴です。すると、どうしても動作に合わせて、呼吸もゆっくりになります。太極拳の動作をやる限り、速く急かされるような呼吸になる人は、だれもいません。

また、押す動作のときは、みんな必ず息を吐きます。吸う人はいません。その反対に引く時には、自然にみんなが吸います。つまり、押し引きの動作が呼吸にゆったりとした一定のリズムを与え、心と体を調和させ、整えるのです。

呉図南先生のいうとおり、型は少々間違っていても構わない。これが、格好になっていない総胆管癌の患者さんが行う太極拳と同義であると、鵜沼先生は合点しました。

ならば、本格的な太極拳のように、外で行うまでもないのではないか。部屋の中で、畳1帖分のスペースでもできるはずだし、

生活の中でチョコチョコと取り入れられるスタイルの方が、忙しい日本人にもマッチするのではないか。

こうして「24式」をアレンジし、3分間にコンパクトにまとめたのが「10式太極拳」なのです。

「10式太極拳」体験談

思い立った時に どこでも簡単にできる

（東京都・市川さん）

更年期障害からか強い脱力感で、朝起き上がれない状態が何年も続いていました。「ブラブラ体操」をすることで、楽に寝床から立ち上がれるようになりました。私の場合「寝たまま」行います。目覚めたら、まず息を吸いながら両手を頭上へ持っていき、体を左右に「ブルブル」揺らします。大事なのは肩、背中、腰の骨の関節を「一節一節ほぐす」こと。慣れてくると、体のどこに動きの悪いところがあるかが分かるようになります。この十何年もいろいろな健康法（薬、呼吸法など）を試しました。しかし、どれも即効性がないため続きませんでしたが、この体操は私の場合、すぐに効果が出たのです。

「10式太極拳」は畳一枚の上でできる「健康のための太極拳」。ただ私は覚えが悪く、体が硬い上に腰痛もあるため太極拳の形が悪く、とても人に見せられるものではありません。しかし気分だけは「流れるように、気持ちよく」をモットーに行っています。健康のためにやるのだから、完璧は目指さない。要は思い立った時にどこでも簡単にやれるのがメリットと思っています。

PART 2

ブラブラ体操（準備運動）

太極拳に取り組む前にやっておくと効果的な「ブラブラ体操」を紹介します。不要な気合いを入れるほど、心身は緊張して逆効果。単純な動きをただ繰り返すことで、不思議と身も心もほぐれてきます。

❶前後のブラブラ体操
❷猿形(さるがた)のブラブラ体操
❸よじりのブラブラ体操
❹回転のブラブラ体操
❺背骨ゆすり体操
❻細胞ゆすり体操

ブラブラ体操①

前後のブラブラ体操

動画でチェック!

振り子のように腕を前後にブラブラ

腕を前後にブラブラさせる、というだけの体操。少し続けると、なんとなくバカバカしくなって、力んだり緊張することがなくなります。

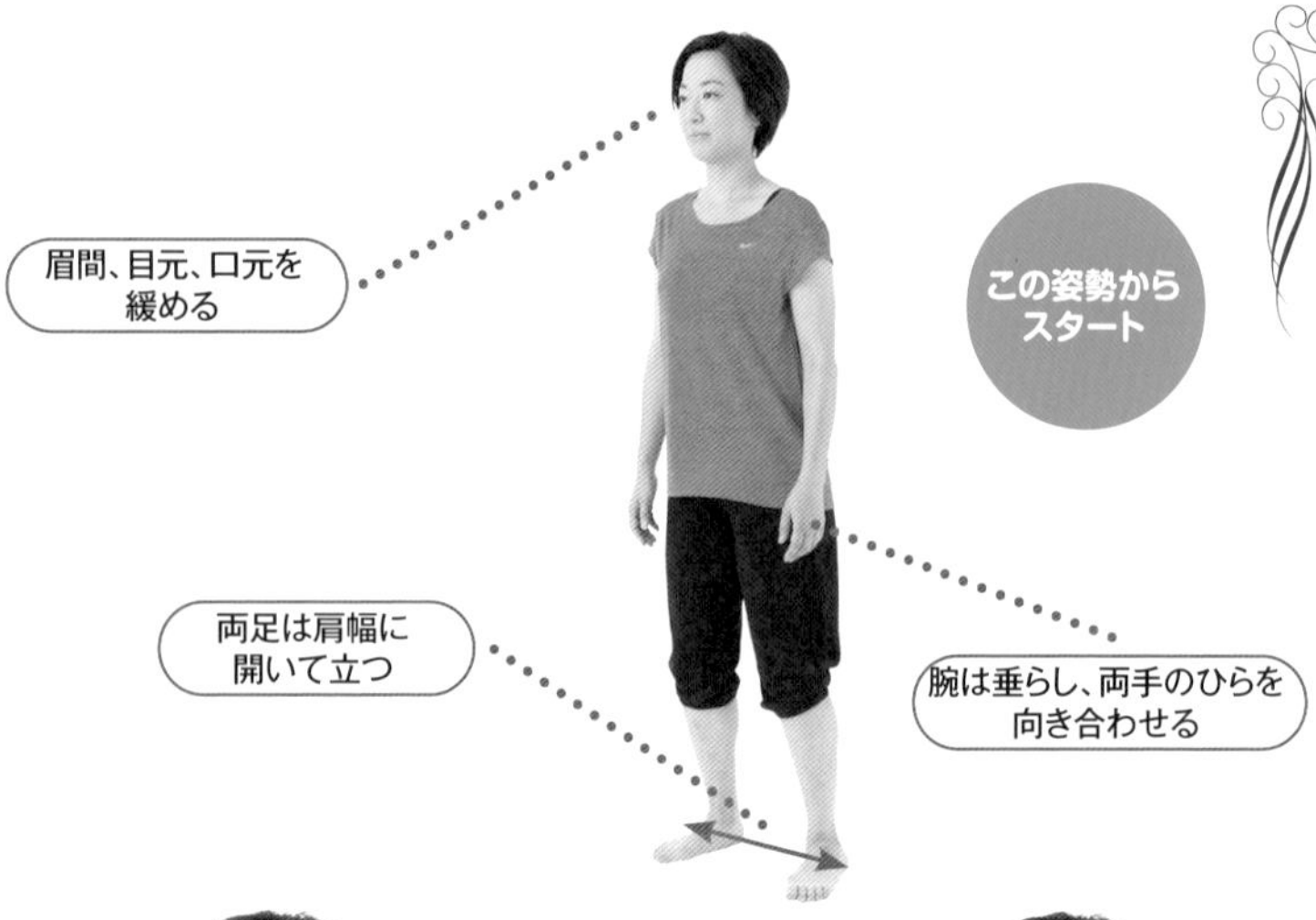
眉間、目元、口元を
緩める
この姿勢から
スタート
両足は肩幅に
開いて立つ
腕は垂らし、両手のひらを
向き合わせる

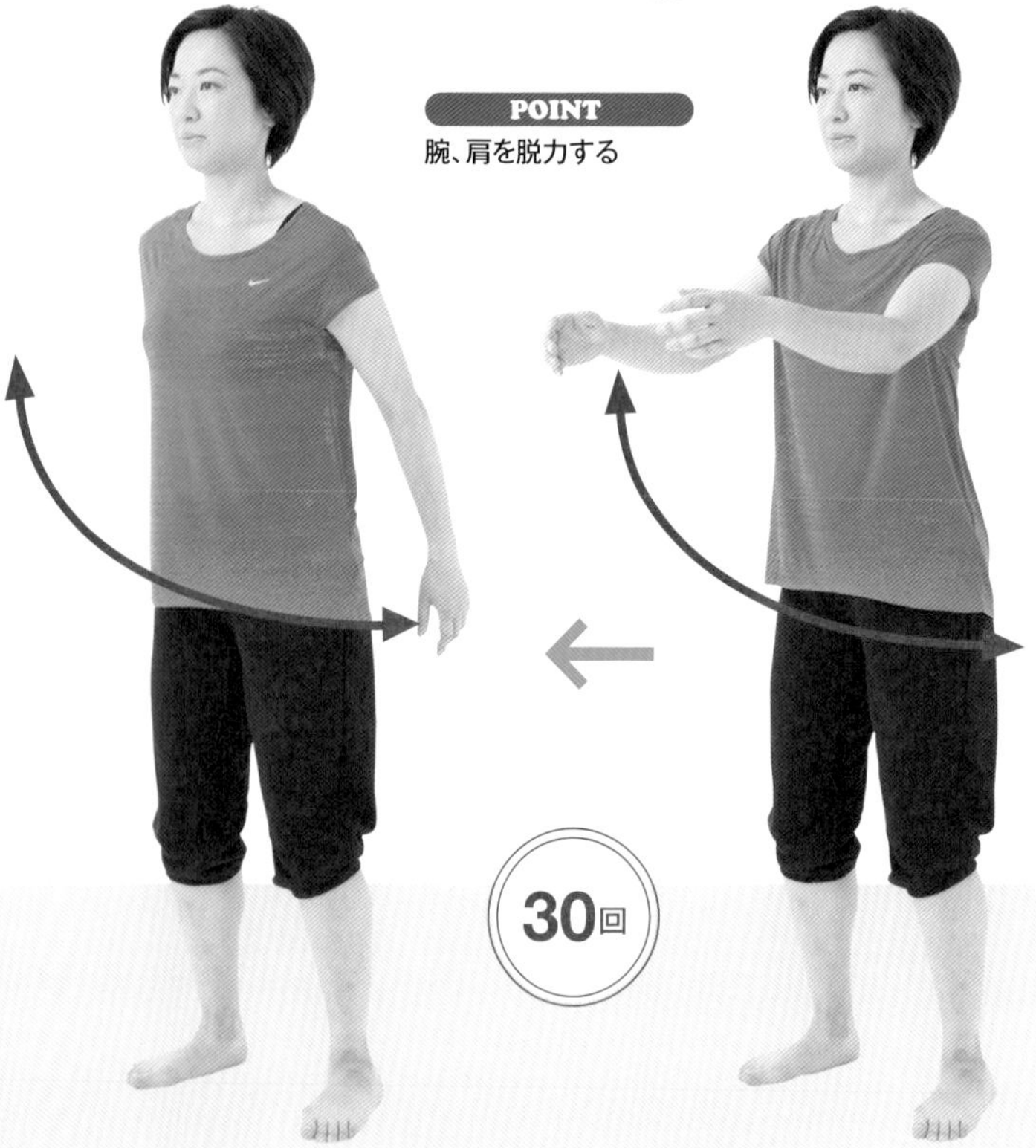
POINT
腕、肩を脱力する
30回

POINT
振り子のように反動を
使ってブラブラ動かす

脱力してブラブラ振る

腕、肩は脱力し、振り子のように反動を使って、両腕を前後にブラブラ振る

ブラブラ体操②

猿《さる》形《がた》のブラブラ体操

動画チェック

手長猿のイメージで腕をブラブラ

歩く時のように、左右の腕を前後に振ります。体幹の動きで手が振られるように、腕は脱力しましょう。手長猿をイメージして、しなやかに気持ちよく繰り返します。

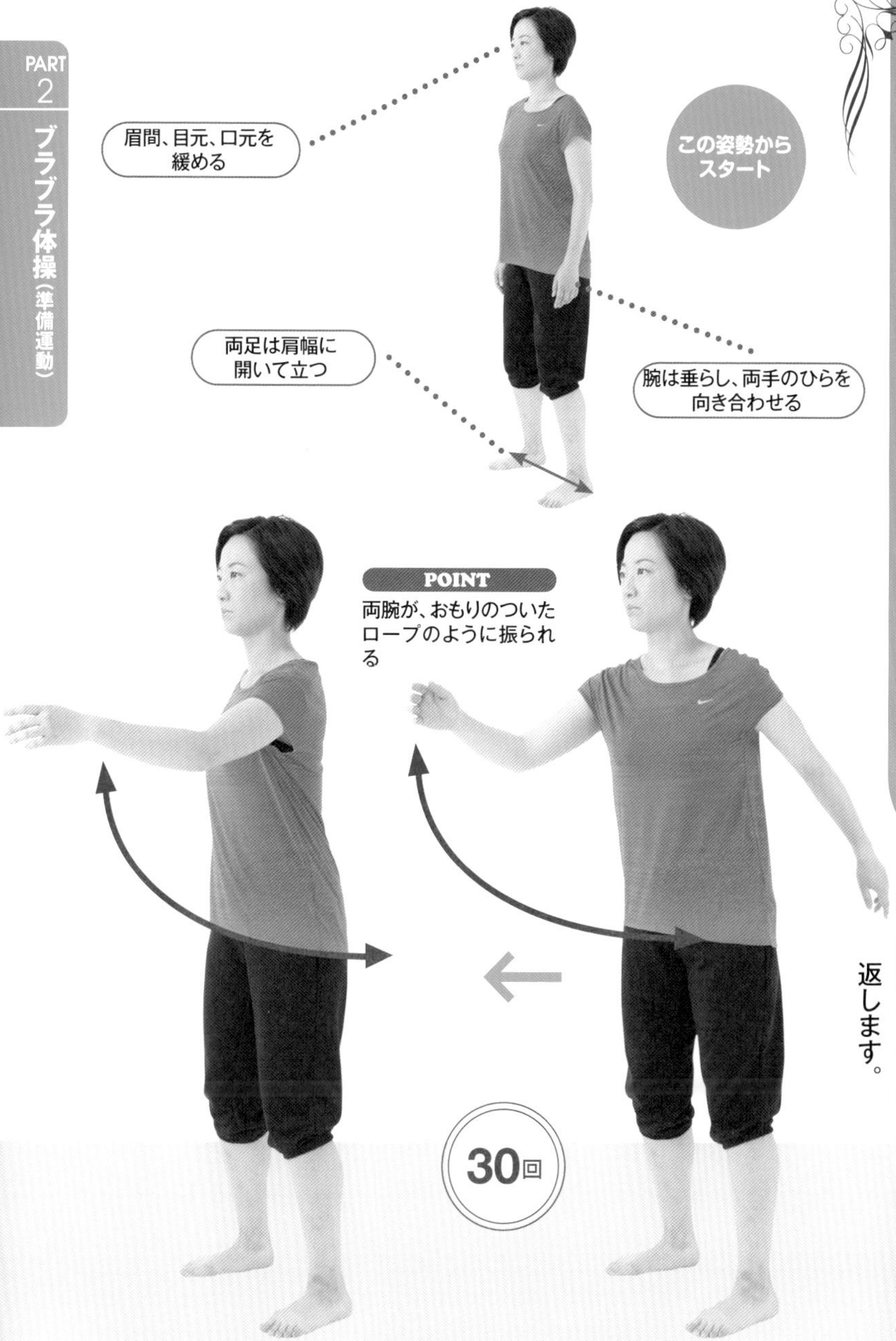
この姿勢からスタート
眉間、目元、口元を緩める
両足は肩幅に開いて立つ
腕は垂らし、両手のひらを向き合わせる
POINT
両腕が、おもりのついたロープのように振られる
←
30回

POINT
腕、肩は脱力し、体幹がひねられる動きで腕が振られるようにする

歩く時のように腕を振る

歩く時のように、左右の手を前後にしなやかに振る。手長猿をイメージして、しなやかに

ブラブラ体操③

よじりのブラブラ体操

動画でチェック!

フワッと上げてバサッと下ろす

両手を肩の高さまでフワッと上げて、体をひねりながらバサッと下ろす動作を左右に繰り返します。あえて体を大きく回転させないことで、肩甲骨と骨盤をひねります。

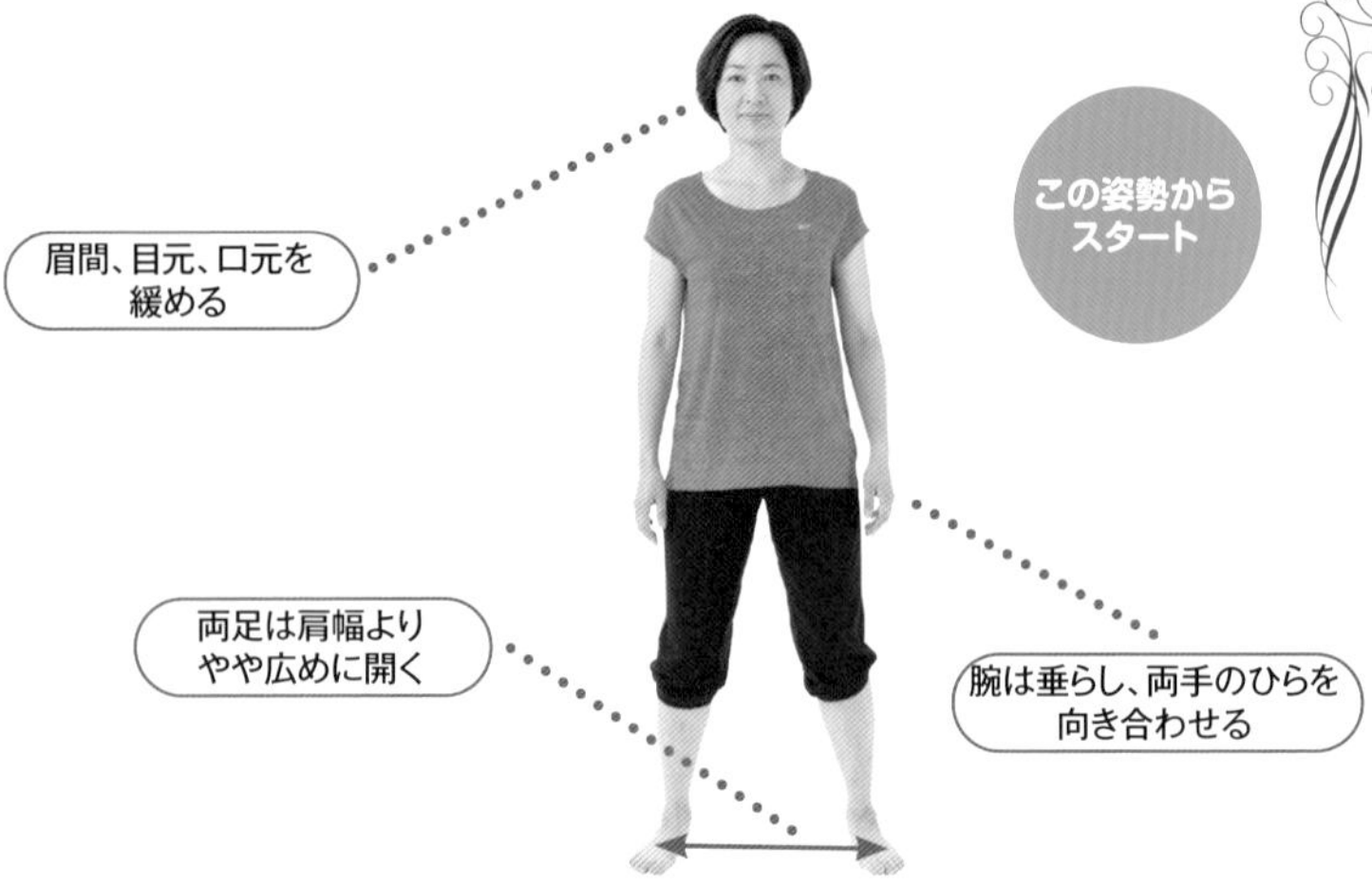

この姿勢からスタート
眉間、目元、口元を緩める
両足は肩幅よりやや広めに開く
腕は垂らし、両手のひらを向き合わせる

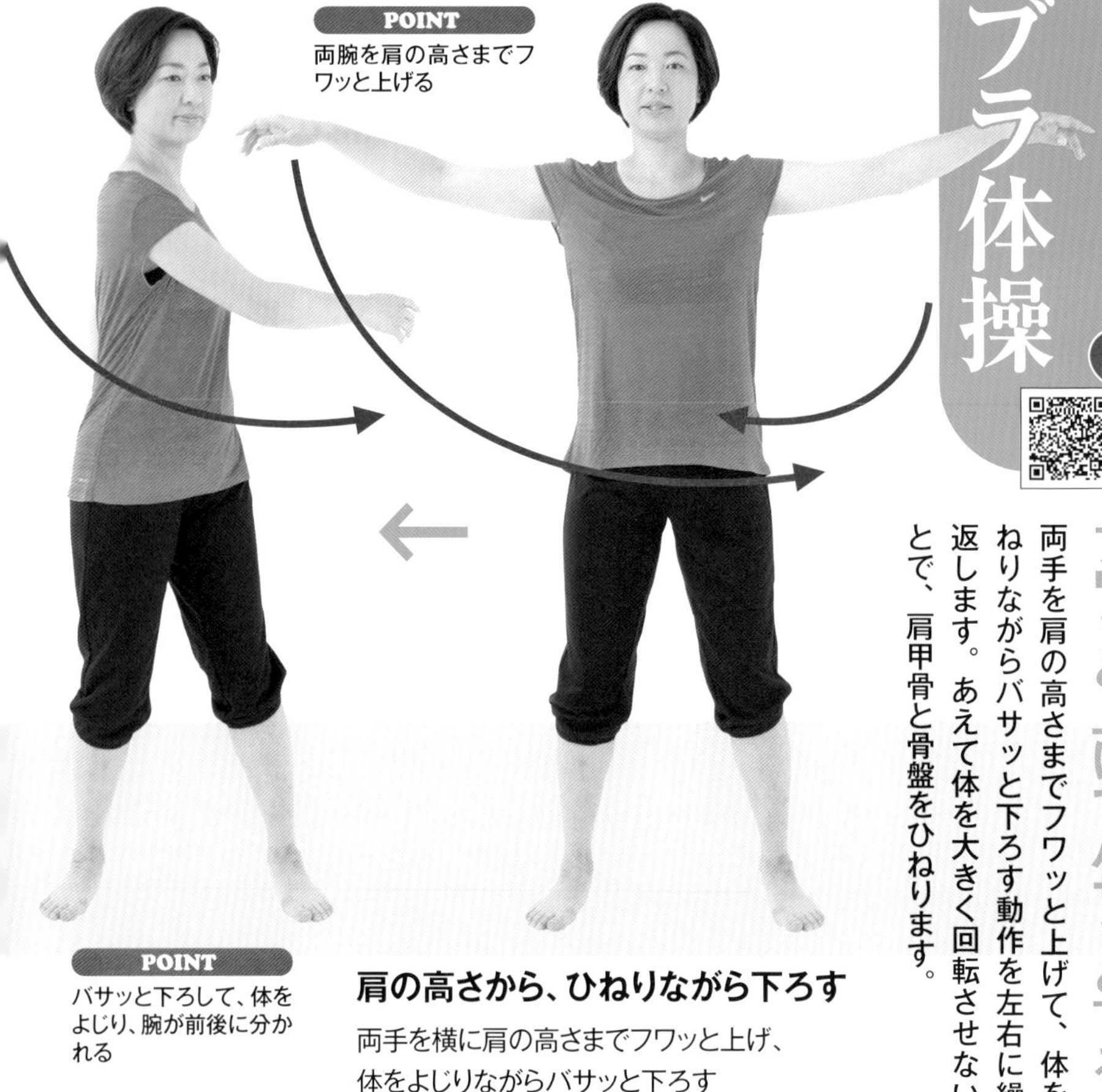

POINT
両腕を肩の高さまでフワッと上げる
POINT
バサッと下ろして、体をよじり、腕が前後に分かれる

肩の高さから、ひねりながら下ろす

両手を横に肩の高さまでフワッと上げ、
体をよじりながらバサッと下ろす

30回

close-up
手の力を抜いて、指先はダラッと下に垂らす

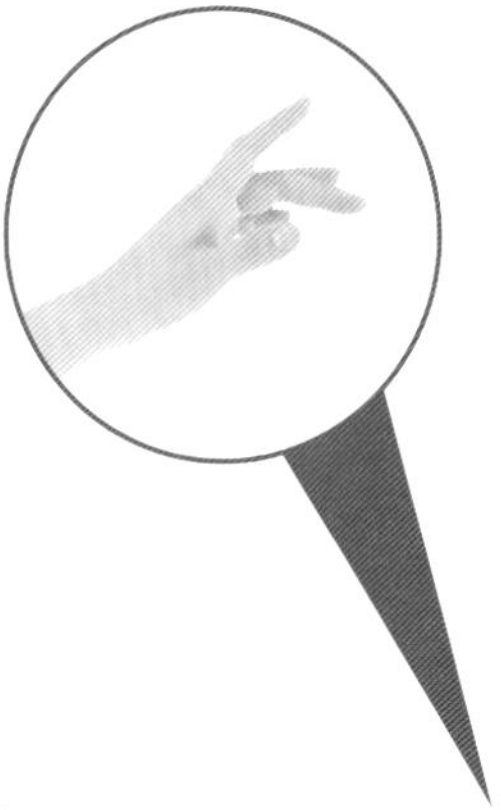

POINT
腕を下ろした時には、顔と体がわずかに斜めを向く

POINT
あえて体をひねらないことで、肩甲骨と骨盤がよくねじれる

ブラブラ体操④

回転のブラブラ体操

デンデン太鼓の要領で振る

背骨を回転軸として真っすぐに立て、デンデン太鼓の要領で、腕を左右に振ります。自分の体と相談しながら、動きの大きさをコントロールしましょう。

動画でチェック!

この姿勢から
スタート
視線は水平にする
両肩、腕を脱力する

POINT
呼吸は、腕が巻きつく瞬間に口から「フッ」と吐く
POINT
吸う息は自然に入ってくるので、あえて意識しない

徐々に大きく、徐々に小さく

30回

デンデン太鼓の要領で、腕を左右に振りながら徐々に動きを大きくしていき、一度ピークを作ったら、今度は徐々に小さくしていく

ブラブラ体操⑤

背骨ゆすり体操

動画チェック

背骨の一節一節を引き離す

大きく伸び上がって、背骨を小刻みにゆらす体操。背骨の一節一節を、口から吐く息とともに引き離すようなイメージで取り組みましょう。

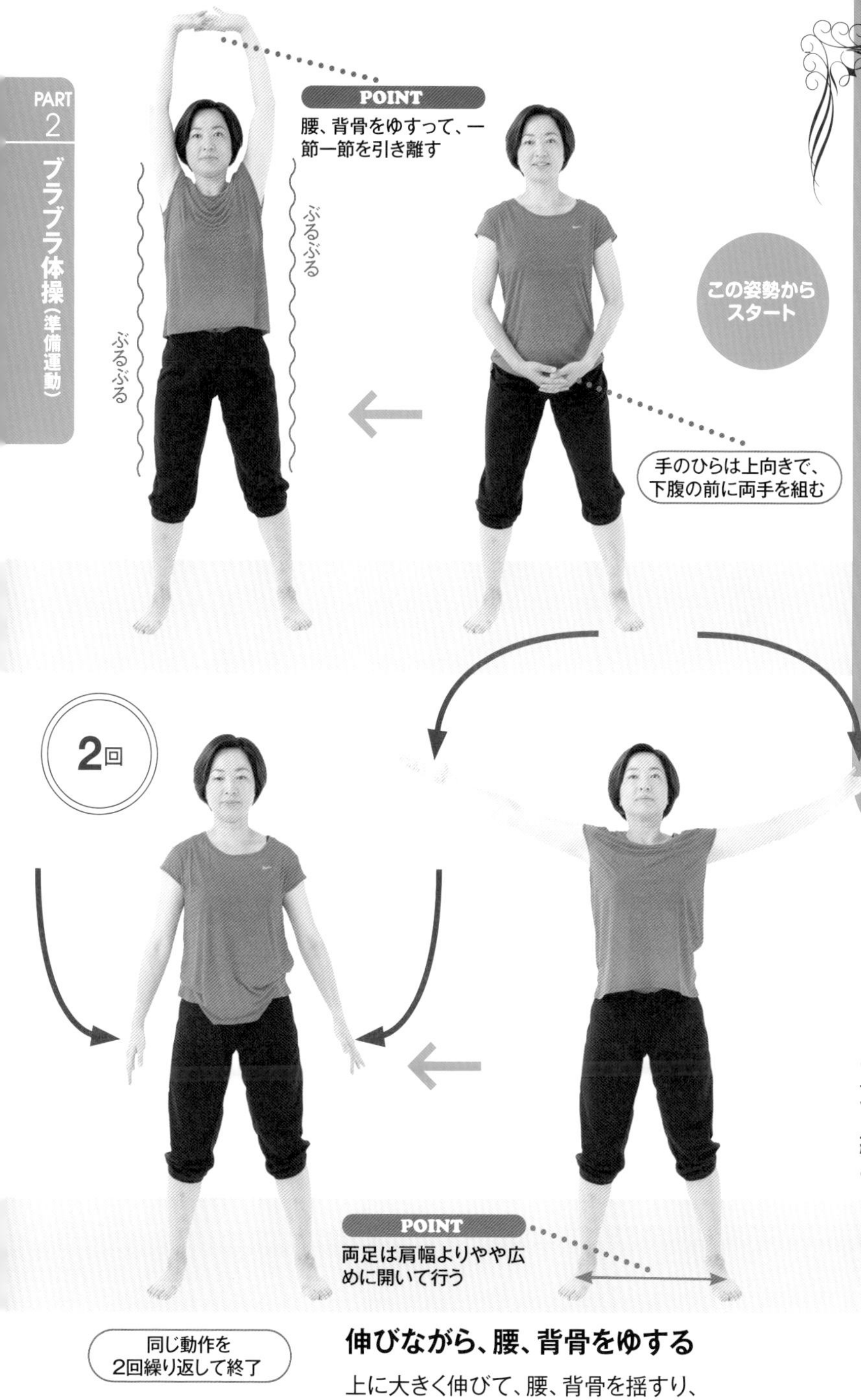
POINT
腰、背骨をゆすって、一節一節を引き離す
ぶるぶる
ぶるぶる
この姿勢からスタート
手のひらは上向きで、下腹の前に両手を組む
2回
POINT
両足は肩幅よりやや広めに開いて行う
同じ動作を2回繰り返して終了

伸びながら、腰、背骨をゆする

上に大きく伸びて、腰、背骨を揺すり、一節一節を引き離すようにする。呼吸は、吸いながら上げ、吐き続ける間ゆすり、吸いながら腕を開いて吐いて下ろす

ブラブラ体操⑥
細胞ゆすり体操

全身60兆の細胞をゆさぶる

全身60兆の細胞をゆさぶる体操。自分の心地よい速さとリズムで行いましょう。ちょうど、ゆすって「茶筒の茶葉が揃うように」全身の細胞が整えられ、血流が改善します。

動画でチェック!

この姿勢からスタート

口元、眉間を緩めて「ニコッ」とする。目は半眼

両足は肩幅に開いて立つ

腕は自然に垂らす

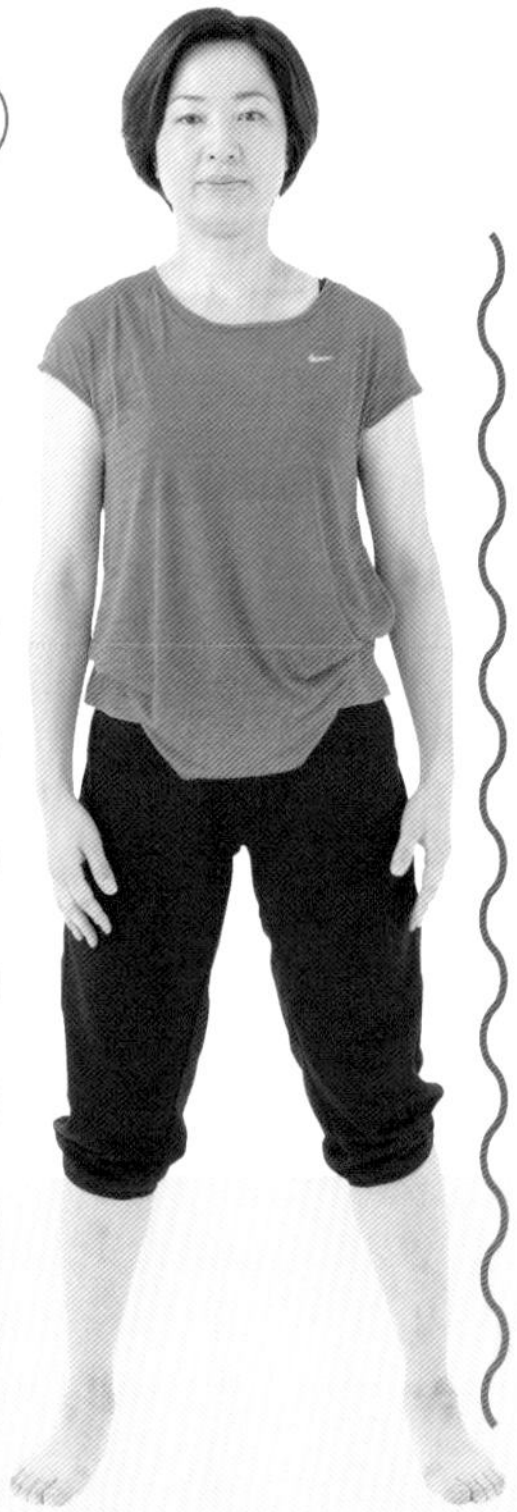

自分の心地よい速さとリズムでゆさぶる

ぶるぶる

ぶるぶる

POINT

茶筒をゆさぶって茶葉を整えるようなイメージで

30秒

膝の屈伸で振動を末端まで伝える

膝の小刻みな屈伸でゆすり、振動が末端まで行き渡るように、全身を脱力して行う

PART 3

10式太極拳

畳1帖分のスペースでできる「10式太極拳」。本格的な24式の要素を受け継ぎながら、10式にまでまとめたダイジェスト版です。日常生活に取り入れやすく、だれであってもその恩恵にあずかることができます。

予備勢
1 起勢
2 白鶴亮翅
3 摟膝拗歩
4 攬雀尾
5 単鞭
6 金鶏独立
7 倒巻肱
8 高探馬
9 搬攔捶
10 収勢

動画でチェック!

正面から

正面から（解説なし）

背面から

「10式太極拳」は畳1帖分のスペース、わずか3分でできる！

心地よく呼吸できるのが「10式太極拳」

ここに紹介する「10式太極拳」は、「簡化24式太極拳」「楊式太極拳」「呉式太極拳」といった伝統的なスタイルをベースに、「最も心地よく呼吸できるには」という視点に立って、10式にまとめたダイジェスト版で構成されています。

伝統的な太極拳の効果を余すことなく受け継ぎながら、筋力が弱い人、重症者、高齢者も無理なく、技の展開や流れが楽しめる本格的太極拳です。腰を低くして両手を開くような動作の難しい技は、あえて入れていません。初心者だと無理をして、呼吸を止めてしまう人が多いためです。

もちろん、体力のある若い方が行っても、心身の健康効果は十分に手応えを感じられるでしょう。ストレスの多い現代社会、心と体をリラックスさせるために、幅広く役立ててもらえるはずです。

厳密なポーズでなくても十分効果的

畳1帖分のスペースで実践することができるので、仕事や家事の合間などに行うとよいでしょう。

1回につきわずか3分間で、心身の充実が図れるというのも大きな魅力です。時間に余裕があるときには、繰り返し行うと、より手応えが際立つでしょう。

1式ずつ行う場合は、3～5回繰り返すと、それぞれの改善効果が高まります。ご自身が必要としている症状改善に効果的な技を、10式の中に見つけて繰り返し取り組むようにしてください。

また、太極拳は武術なので、すべての技が「相手の攻撃を受け流して打つ」という組み立てになっています。2の「白鶴亮翅《バイホリャンチ》」、8の「高探馬《ガオタンマ》」以外は、左右両面で行っています。

なお、それぞれのポーズは、厳密に守られていなくても構いません。ゆっくりと流れるように、見よう見まねでやっていただくだけで十分効果的です。ゆっくりとした動作につられて呼吸が深まると、心身ともに落ち着き、リラックスする感覚を、初心者のうちから実感できるはずです。

10式太極拳

予備勢

●ユベイシ

準備の体勢

心身の緊張緩和

正面を向いた立位の姿勢から、足を肩幅に開いて、リラックス。この時、表情を緩めるというのがポイントです。目元、口元が緩むと、心身ともにリラックスします。

この姿勢から
スタート

1

自然に立つ

両足を拳ひとつ分開けて立ち、目は正面を見る。あたかもハンガーに掛かっている服のように立つ

表情が緩むとリラックス

POINT

眉間と口元を緩め、表情をほぐす

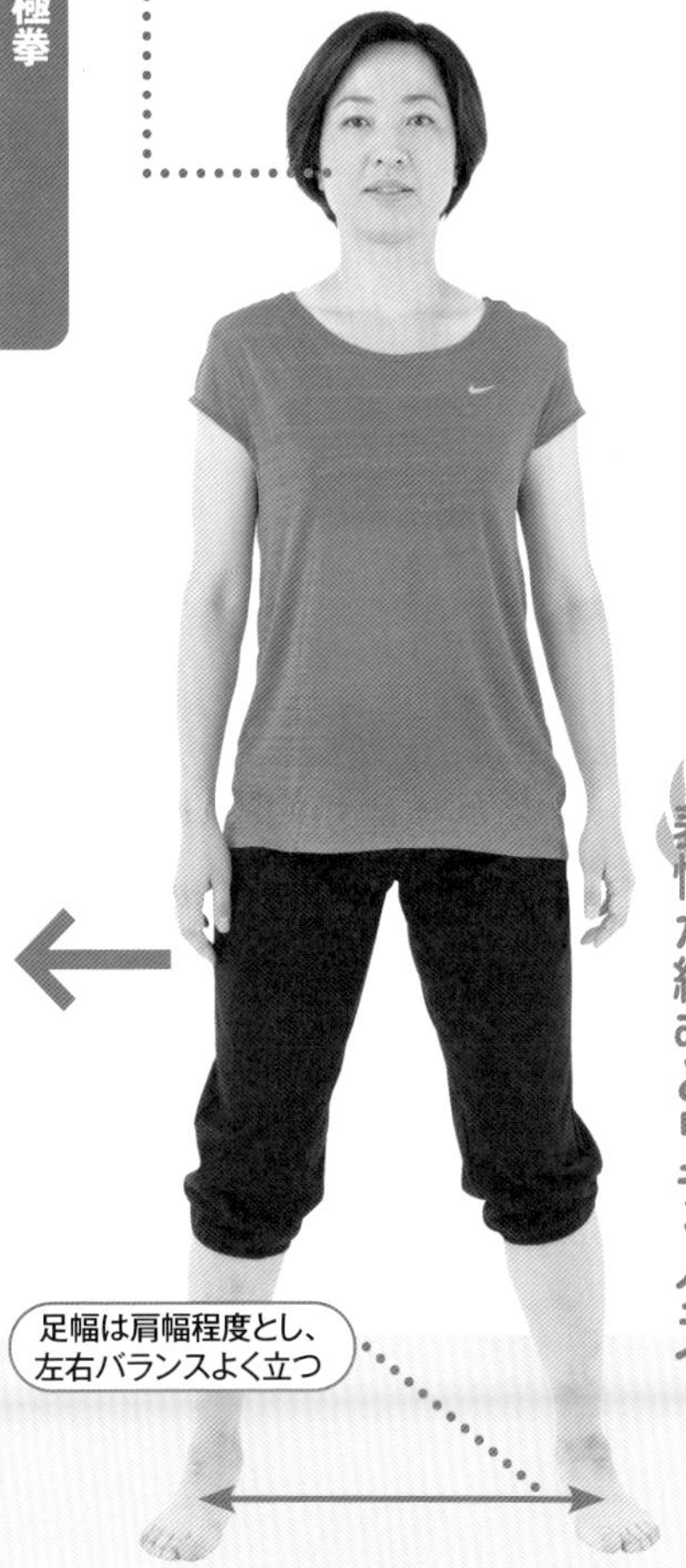

足幅は肩幅程度とし、左右バランスよく立つ

2

足を肩幅に広く

左右のかかとを上げ、足を肩幅に開く。つま先から着地し、ゆっくりとかかとを下ろす

10式太極拳

1 起勢 ●チーシ

はじめの体勢

呼吸器疾患・心疾患・高血圧の改善

手のひらを下向きにして、ゆっくりと上げて、下ろします。指先は脱力して前下方に垂らし、リラックス。手を下ろすときは、肘から動きをリードするようにしましょう。

手の力を抜いて上げて下げる

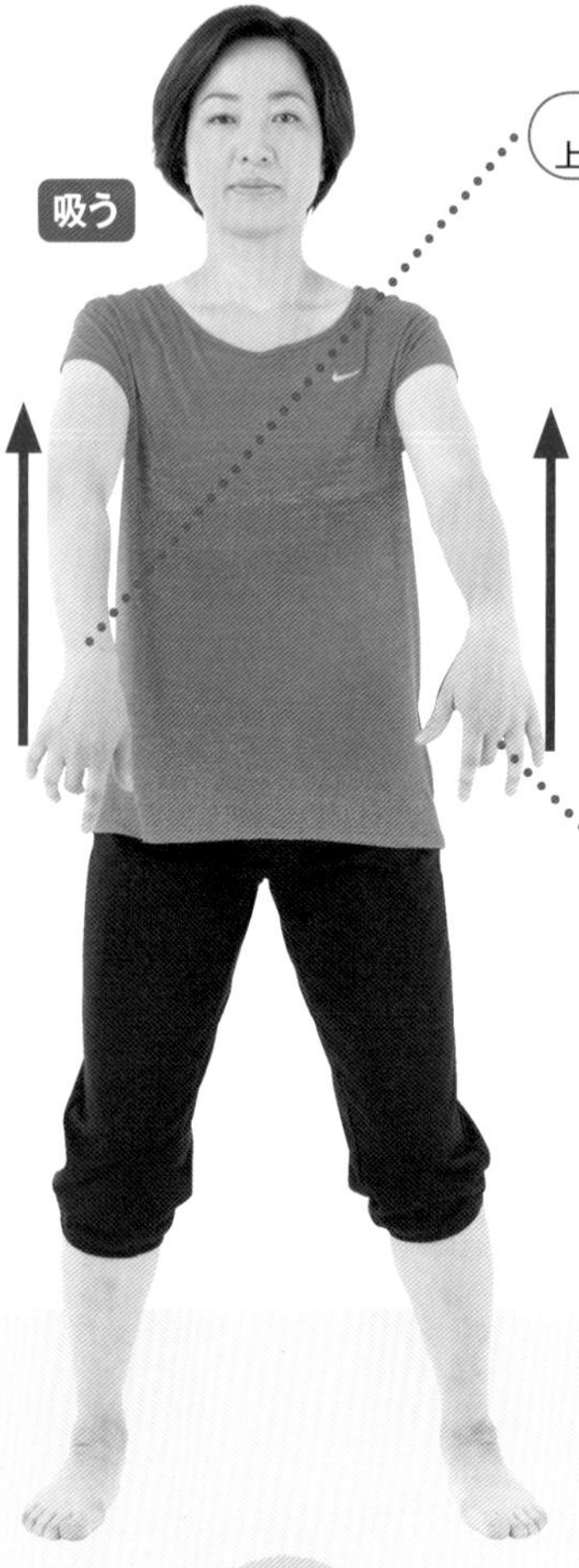

POINT
両手のひらを下向きにして、肩の高さまで上げていく

1

両手を上げる

両手を下げた姿勢から、ゆっくりと肩まで上げる。手のひらは下向きで、指先は前下方に垂らす

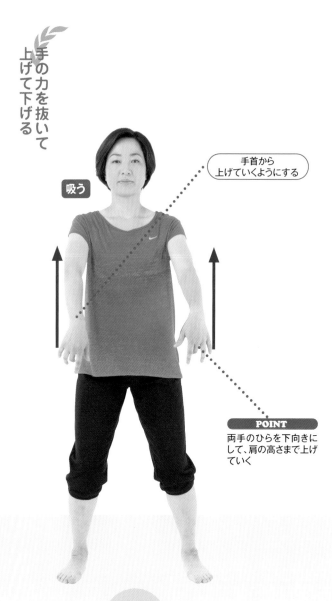

POINT
肘で動きをリードする
吐く

2 両手を下げる

手の高さが肩まで達したら、今度は両手を肘から沈め、下げていく

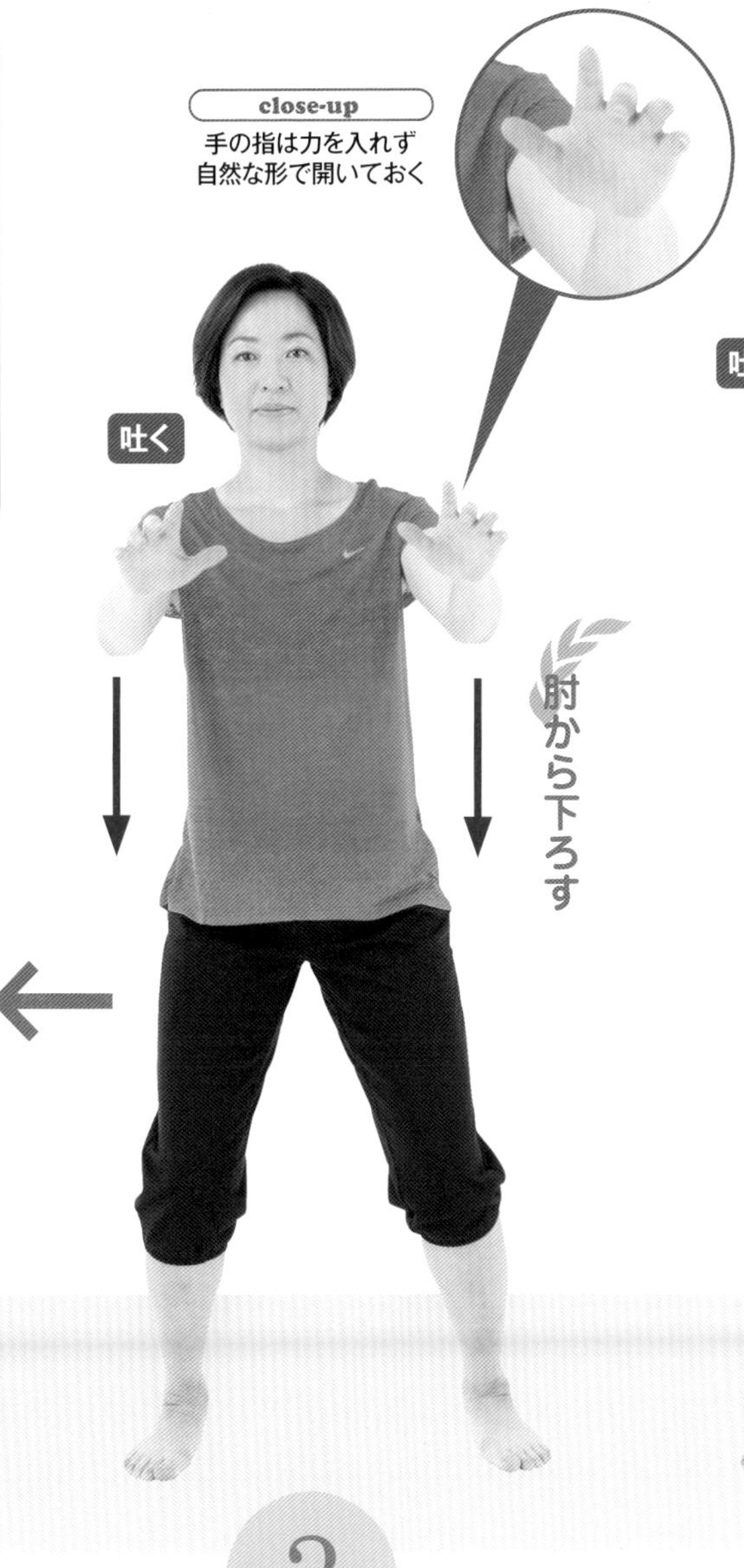
close-up
手の指は力を入れず
自然な形で開いておく
吐く
肘から下ろす

3 お腹まで下ろす

股関節と膝を緩め、腰を下ろしつつ、両手をお腹の高さまで下ろしていく

10式太極拳

2 白鶴亮翅

●バイホリャンチ

白鶴が羽を広げる

落ち込み、抑うつ気分の改善

左右の手を、上下にゆっくりと動かして入れ替えます。大きな風船を抱きかかえるイメージで行いましょう。重心を移動しながら、ゆったりと気持ちよく動くようにします。

重心を左足に移すときに吐き、右足かかとを出すときに吸う

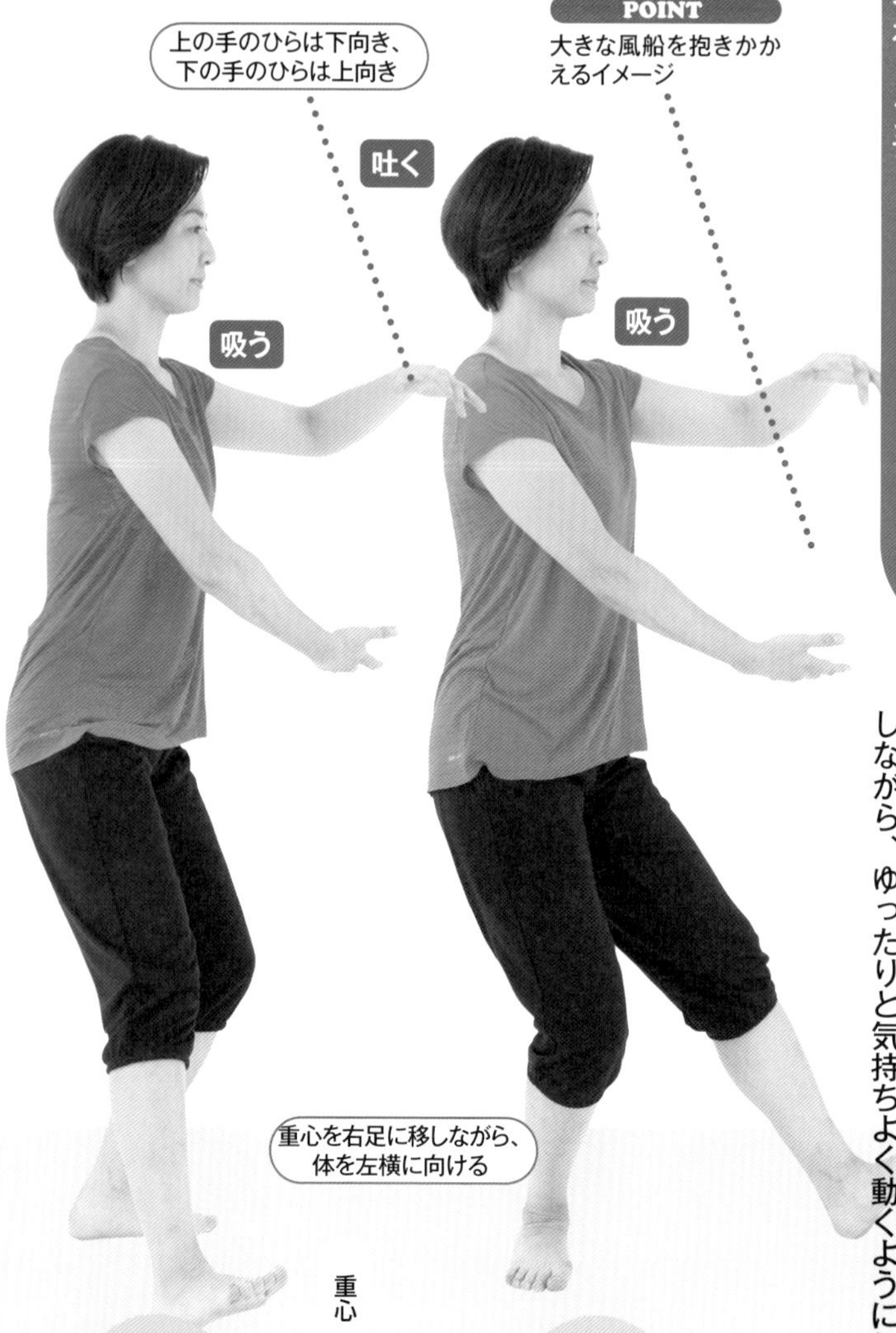
上の手のひらは下向き、下の手のひらは上向き
POINT
大きな風船を抱きかかえるイメージ
吐く
吸う
吸う
重心を右足に移しながら、体を左横に向ける
重心

1 左手を上、右手を下に

正面向きから重心を右足に移し、左足のつま先を上げ、少し外に開く。左手は上に、右手は下に、ゆっくりと弧を描いて風船をかかえるイメージ

2 かかえたまま前進

重心を左足に移し、右足をかかとから横に出す

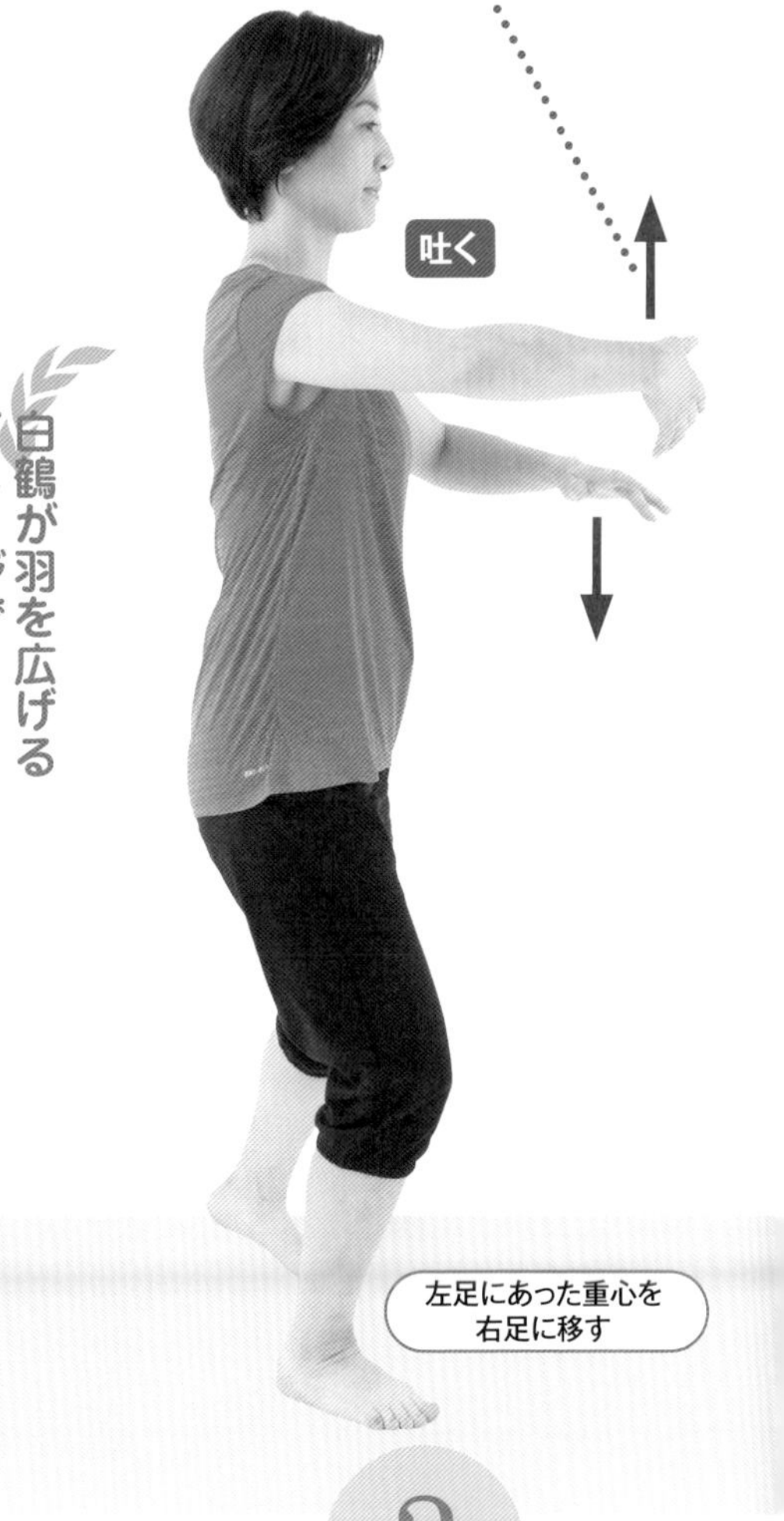
POINT
左右の手が交差するタイミングで、手のひらの向きを変える
吐く
左足にあった重心を右足に移す

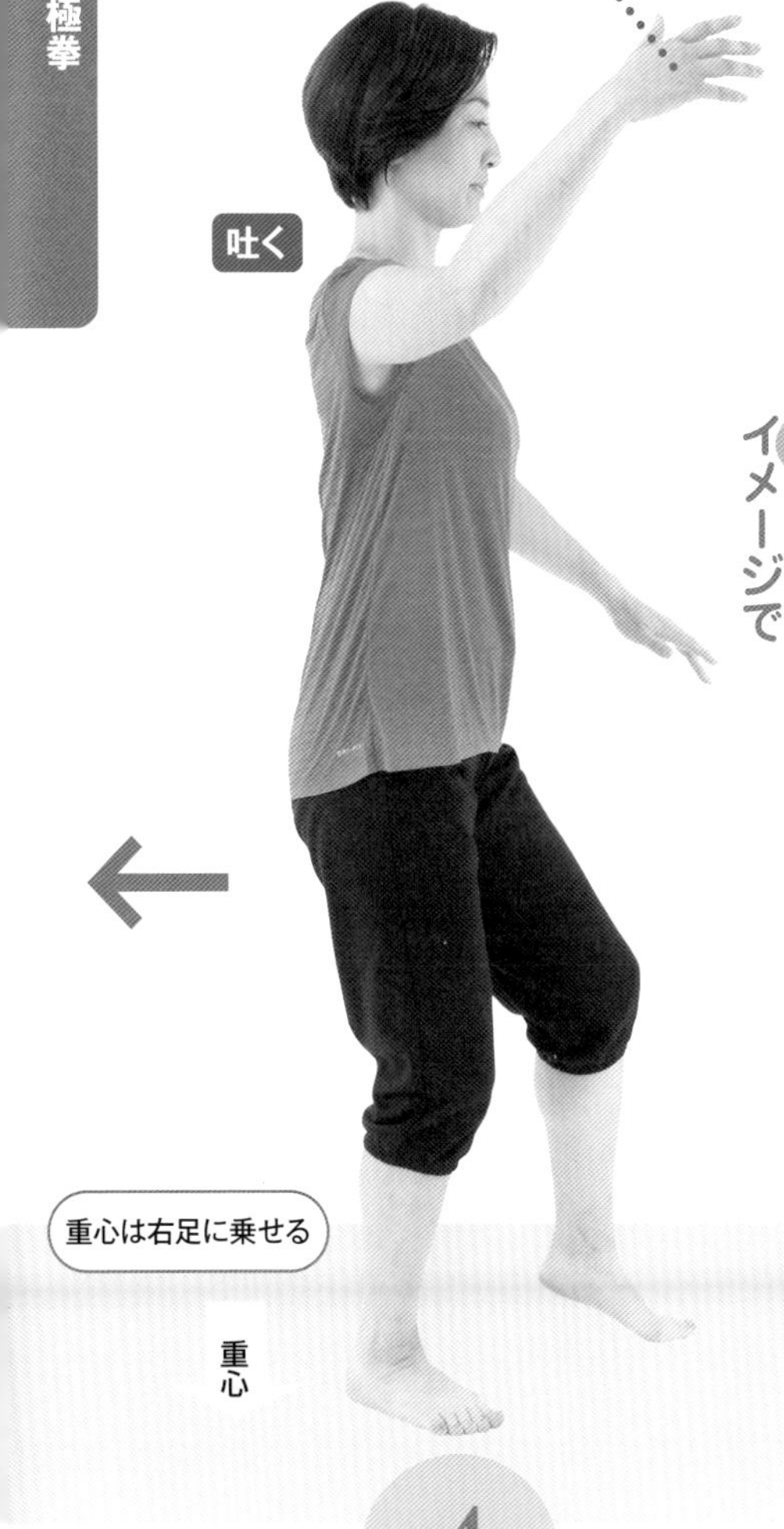
右手は頭の高さで、手のひらを前向きに構える
吐く
重心は右足に乗せる
重心

白鶴が羽を広げるイメージで

3 右手を上に、左手を下に

右手を上に、左手を下に分けつつ、右足のつま先を内に向け、重心を右足に移す

4 右手は頭、左手は腰の高さ

左足のつま先を前方につける。右手は頭よりもやや高い位置で、手のひらを前向きに。左手は腰の高さで、手のひらを下向きにする

10式太極拳

3 摟膝拗歩

●ローシーアオブ

膝の前を払いながら後ろ手を押し出す

肝臓・胆のう疾患の改善

両手を大きくまわしながら構え、一方の手で膝の前を払い、反対側の手を前方へ出していきます。

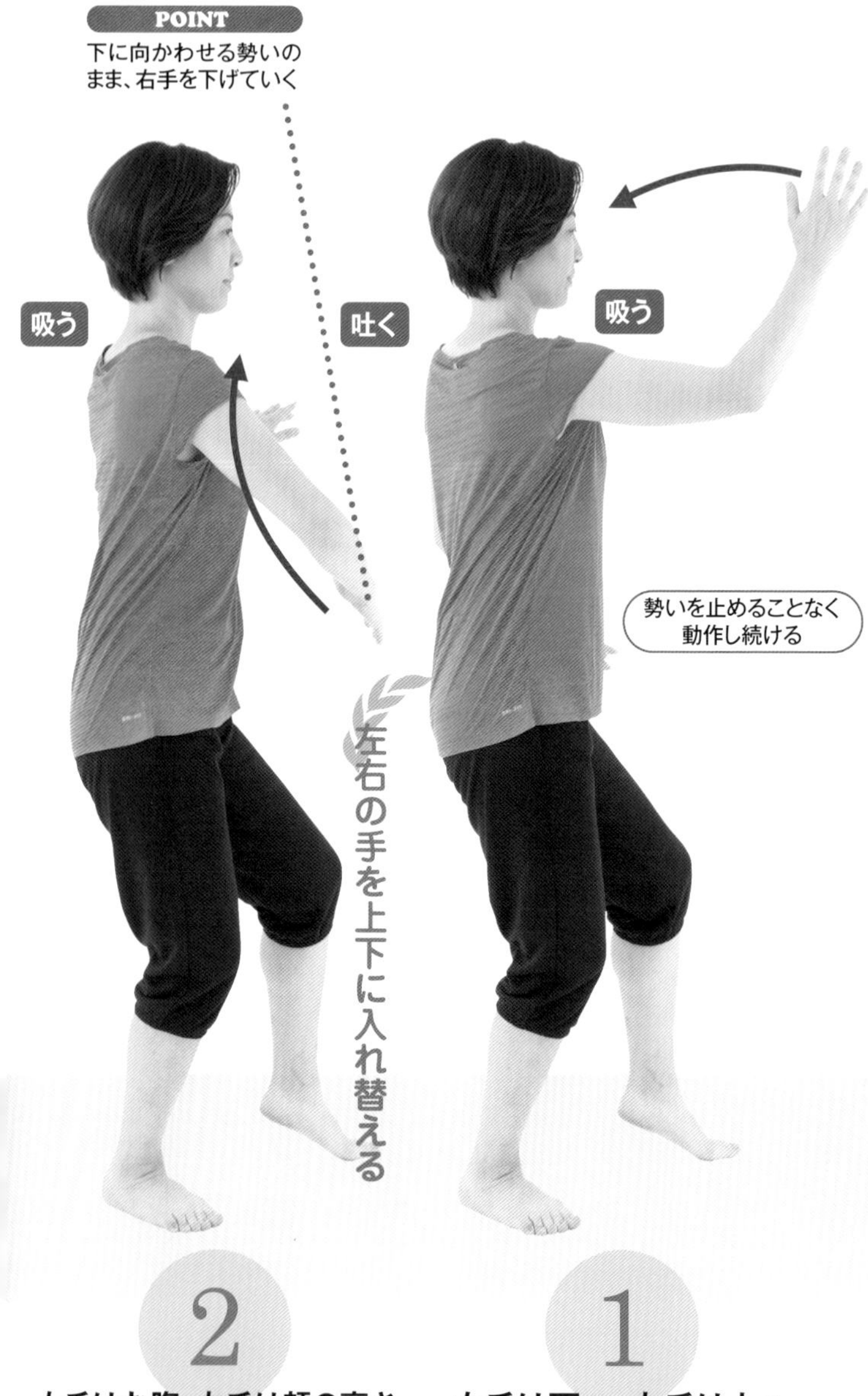

POINT
下に向かわせる勢いのまま、右手を下げていく
吸う
吐く
吸う
勢いを止めることなく動作し続ける
左右の手を上下に入れ替える
2
1

右手は下へ、左手は上へ

右手は下に、左手は上に、弧を描くようにゆっくりと両手とも内まわしで動かしていく

右手はお腹、左手は顔の高さ

右手は、下に向かう勢いのままにお腹の高さに下ろしていく。左手は胸から顔の高さへ

手の動きに合わせて、
体を右側に向ける
吐く
重心

3

両手を肩の高さに揃える

右手はそのまま弧を描きながら肩の高さへ。左手も揃えるように右側にもってくる

左手で払いながら
左かかとを前方に出す

POINT
顔は前に、右手のひら
は耳の前で体に向ける
吐く

4

左手で左膝の前を払う

左手を前下方へ出し、左膝の前を払うように弧を描きながら、左足をかかとから前方に出す

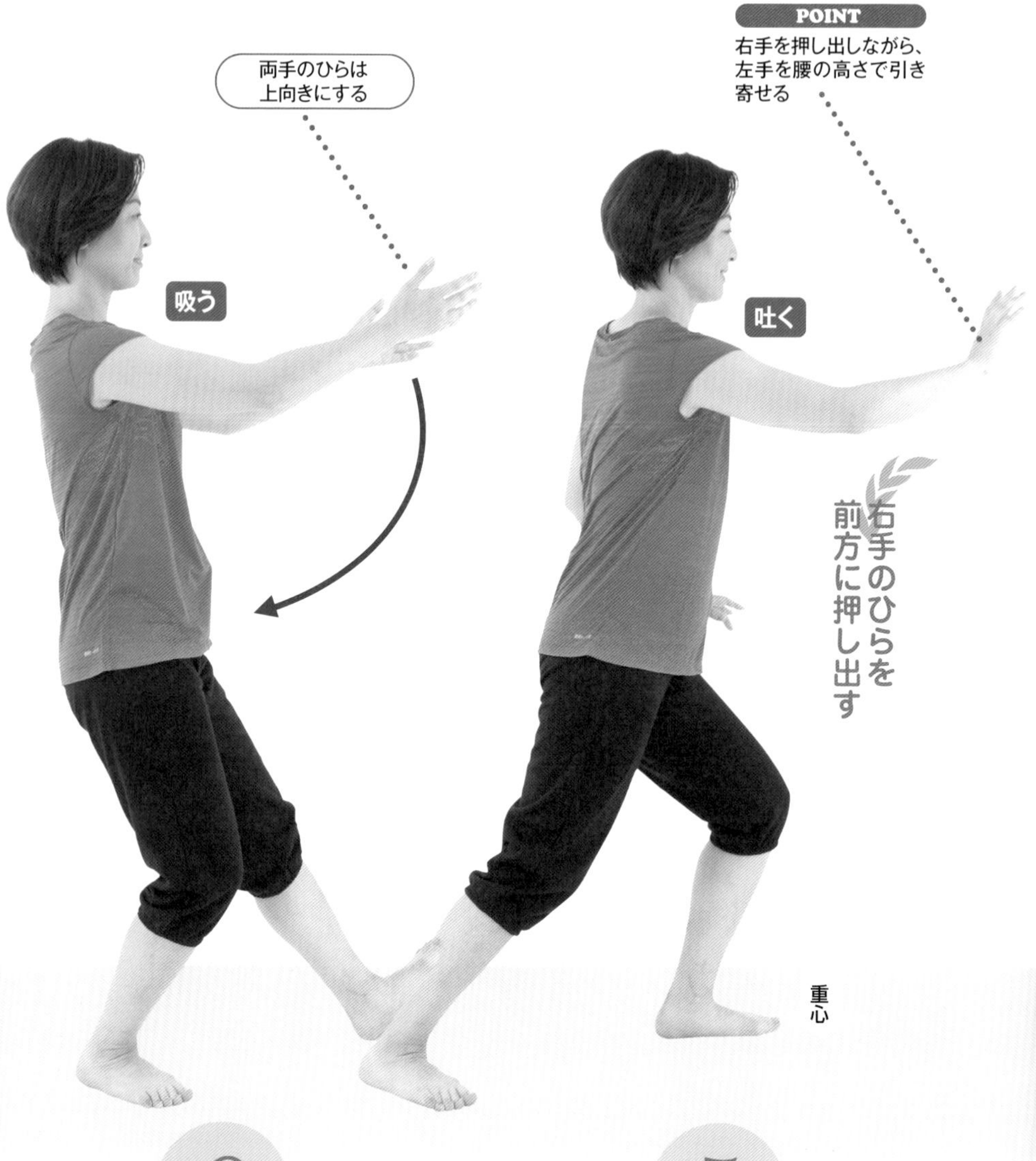
POINT
右手を押し出しながら、左手を腰の高さで引き寄せる
両手のひらは上向きにする
吐く
吸う
右手のひらを前方に押し出す
重心

5

右手を前に押し出す

左足へ重心を移動しながら、右手のひらを前方に向けて押し出す

6

重心を後ろに移す

重心を後ろの右足に移し、左足のつま先を上げる。この時、左手を右手と揃えて肩の高さまで上げる

重心が左足に移った瞬間に両手が開いていく
吸う
吐く
POINT
両手が下に沈む流れで、左足の向きを変える
手と足の動きを連動させる
両手を引き寄せる流れで、左足の向きを変える
重心

7

両手を沈める

両手を揃えて、ゆっくりとへその高さに沈めていくようにして引き寄せる

8

左足のつま先を内向きに

左足のつま先を内側に向ける。つま先がまわりきったら重心を左足に移動。その後、右足を浮かせ左足の内側に引き寄せる

POINT
右手を内まわしで左手と合わせる
吸う
手を上げる勢いのまま右手をまわす

9
両手を肩の高さまで上げる
両手を左右に開き、肩の高さまで上げ、左横を見る

左手は手のひらを自分に向け、耳に近づけていく
吐く
POINT
左足に重心を乗せておく
重心

10
右手は前、左手は耳に
右手は前下方に出し、左手は左耳の横に構える

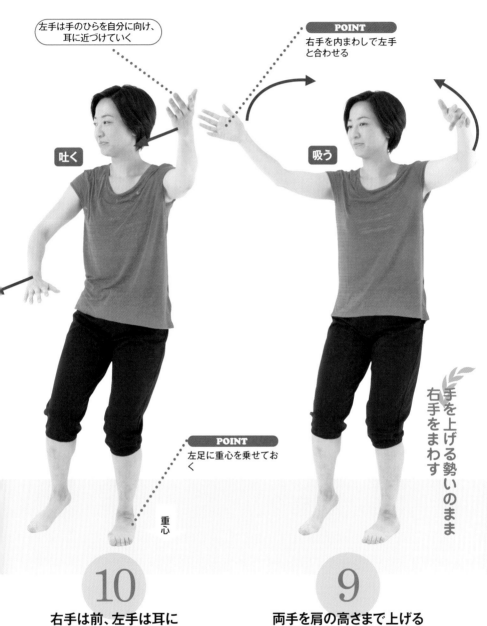

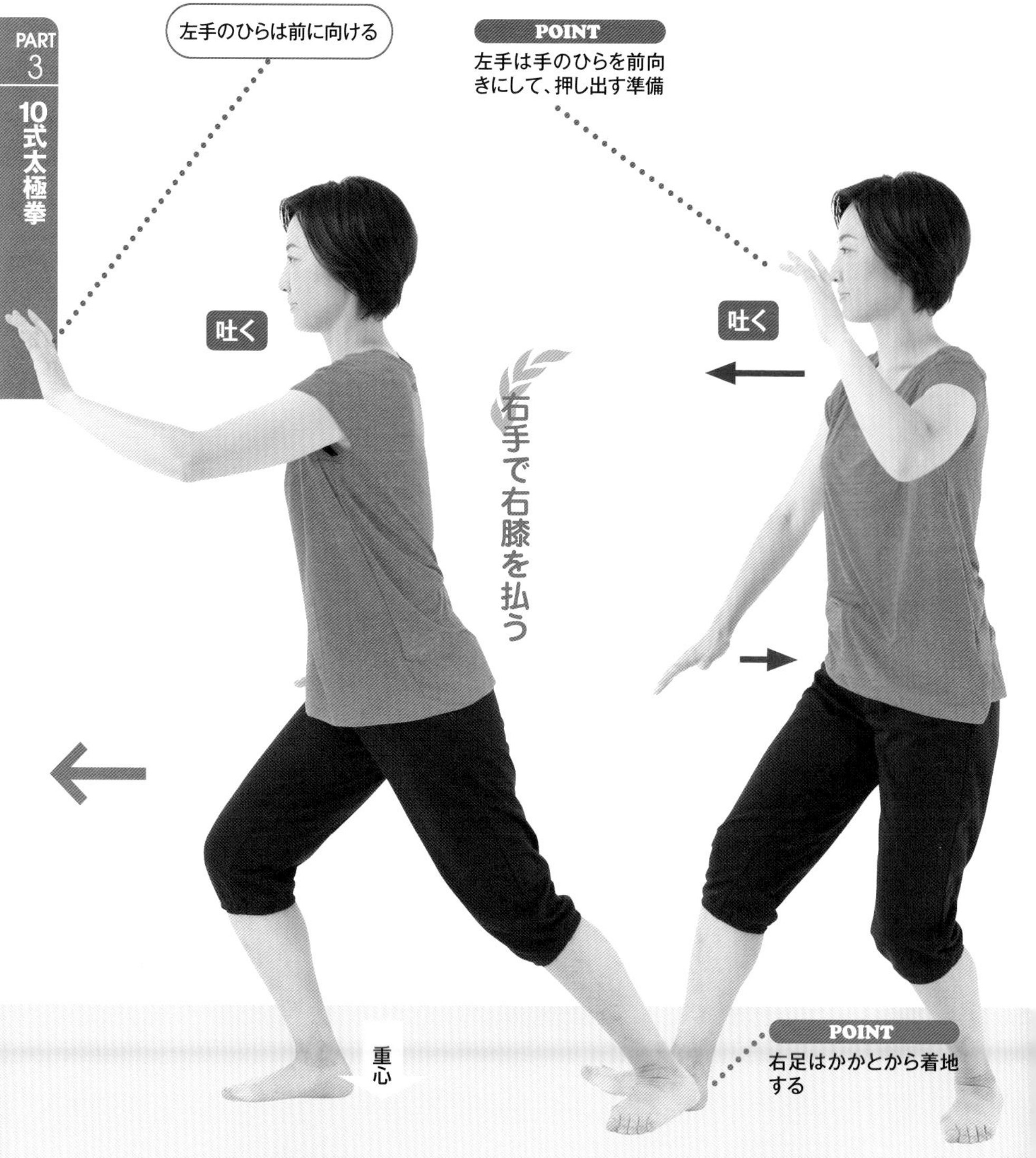
左手のひらは前に向ける
POINT
左手は手のひらを前向きにして、押し出す準備
吐く
吐く
右手で右膝を払う
重心
POINT
右足はかかとから着地する

11

右足をかかとから出す

右足をかかとから前方へ出す。右手は右膝の前を払うように引き寄せる

12

重心を右足へ移動

左足にあった重心を、右足へ移動。同時に、左手のひらを前方に向けて押し出す

10式太極拳

4 攬雀尾

●ランチュエウェイ

鳥の尾を持つように柔らかく対処する

自律神経失調・精神不安の改善

寄せては返す波打ちのリズムで、心地よく押し引いて、また押してと、ゆったり動きます。

重心を移しながら左右の手を上下に入れ替える

POINT
重心の移動とともに体の向きを変える
吸う

1

体を左に向けていく

後ろの左足に重心を移しつつ、右足のつま先を上げ、体を左に向けていく

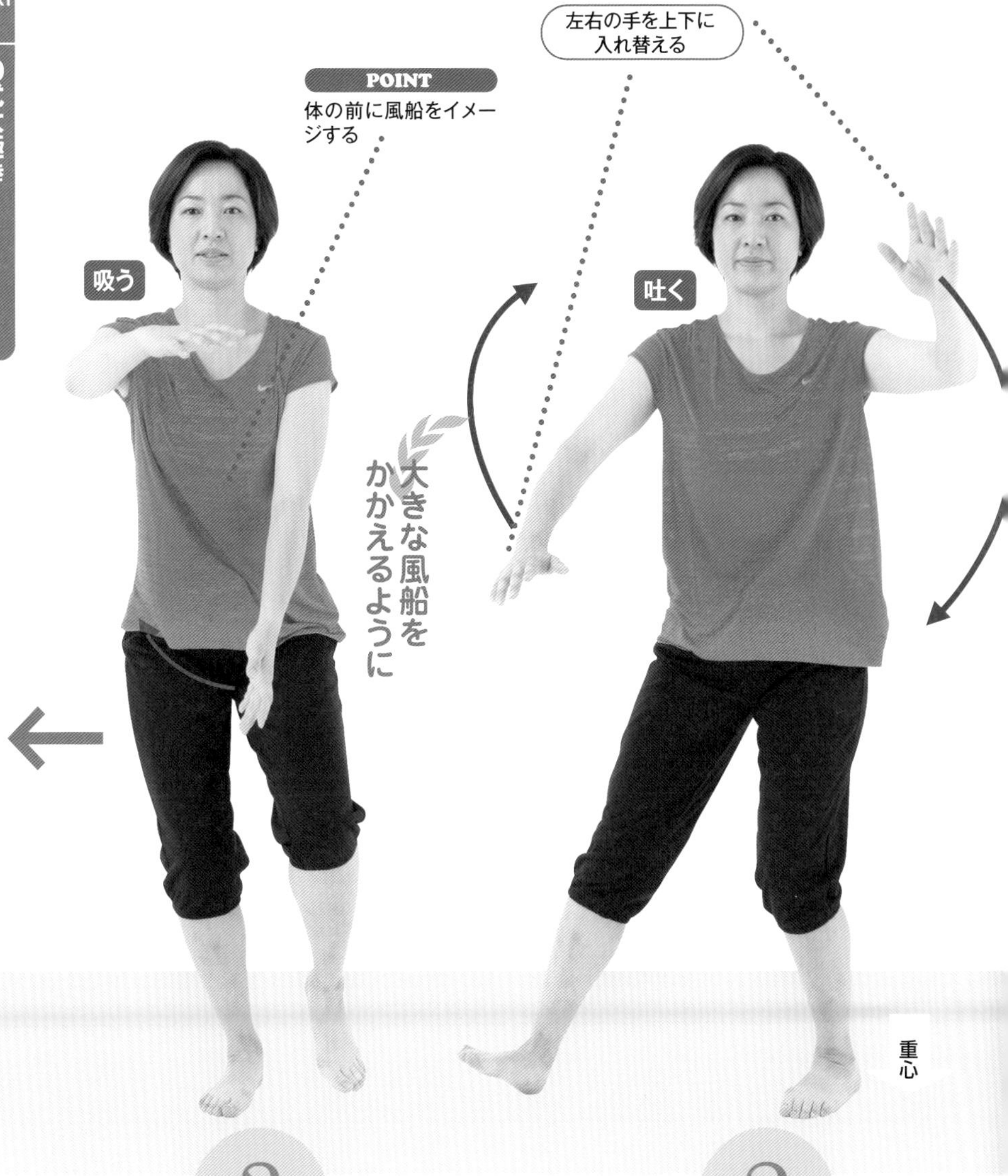
左右の手を上下に入れ替える
POINT
体の前に風船をイメージする
大きな風船をかかえるように
吸う
吐く
重心

2 左手は下、右手は上へ

両手は体の動きに合わせて左へ弧を描きつつ、左手は下、右手が上に向かう

3 左足を右足内側に寄せる

重心を右足に移して、体の前で大きな風船をかかえる形に。左足を右足内側に寄せ、つま先を軽く床につく

POINT
風船をかかえるように
吸う
重心

4

左足に重心を移す

左足を左前方へかかとから出し、重心を左足に移しつつ、左手は前上方へ、右手は後下方へ

close-up
左手のひらは
自分側に向ける
吐く
左手を右手で
迎えにいく

5

左手を肩まで上げる

左手を肩の高さまで上げる。ここから、右手を左手へ向かわせる

POINT
重心移動に合わせて手を引き寄せる

視線は手のひらに向ける

6
右手が迎えにいく

右手が迎えにいくように、左手の手首の下まで移動。次に両手を右下方に下げていく

7
重心を右足に移動する

重心を、後ろの右足に移動。両手をへその高さまで引き寄せる

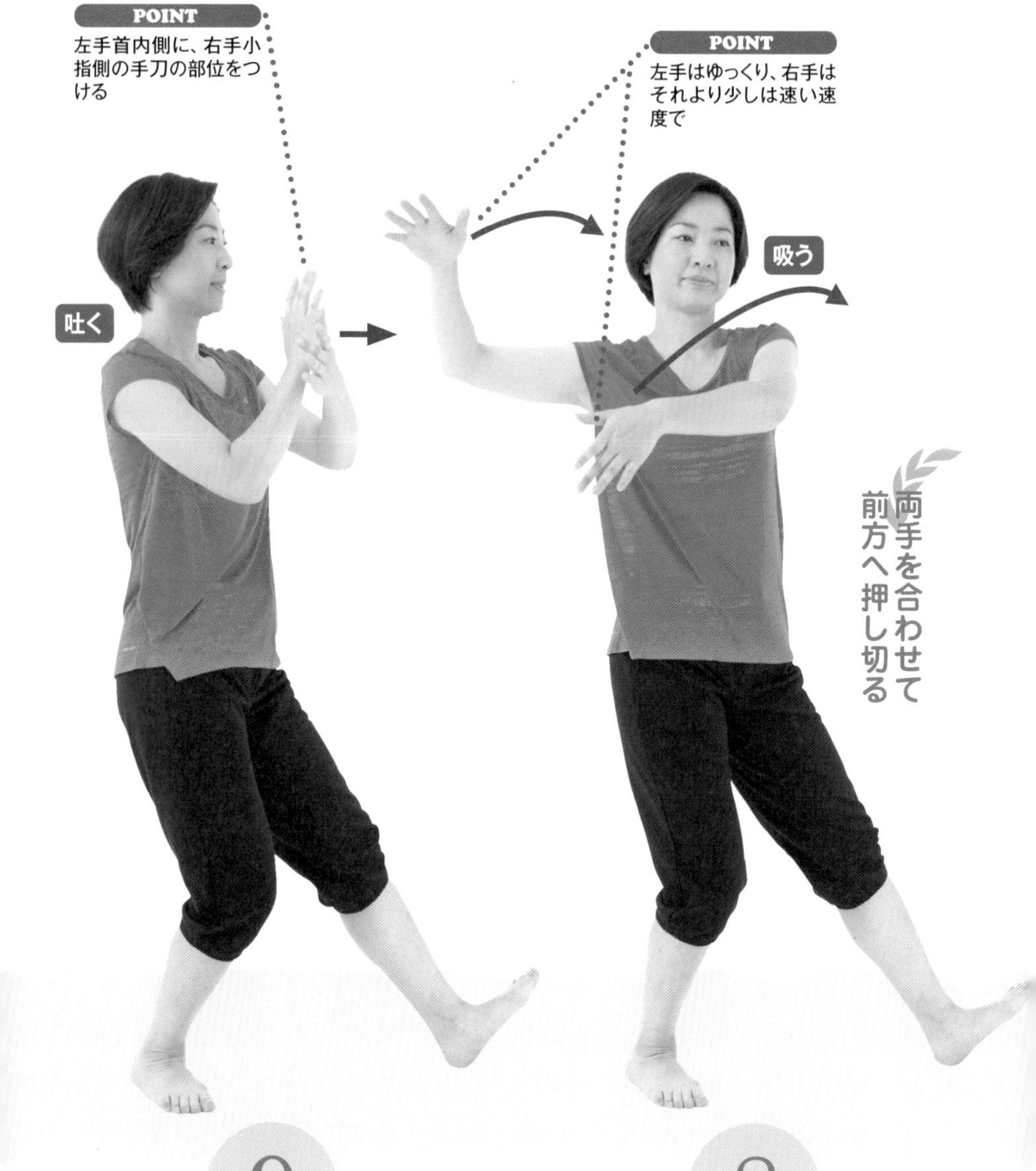
POINT
左手はゆっくり、右手はそれより少しは速い速度で
吸う
両手を合わせて前方へ押し切る
POINT
左手首内側に、右手小指側の手刀の部位をつける
吐く

8

両手を上方へ向かわせる

両手はへその高さから上方へ向かい、右手は顔の高さ、左手は胸の高さまで上げる

9

胸の前で手を合わせる

両手で右外側に弧を描いてから、胸の前で、左手に右手を合わせる

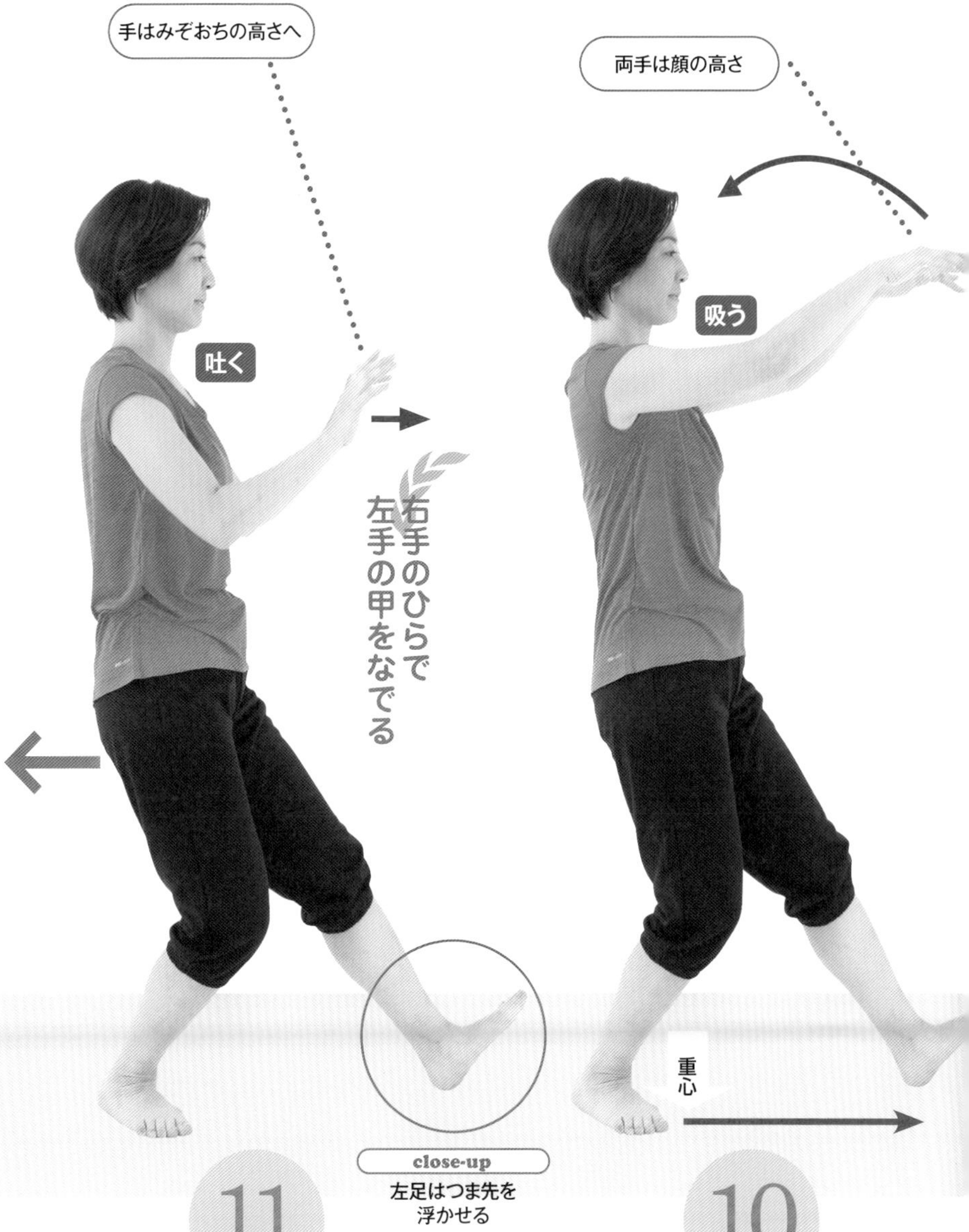
手はみぞおちの高さへ
両手は顔の高さ
吐く
吸う
右手のひらで
左手の甲をなでる
重心
close-up
左足はつま先を
浮かせる

10
前方へ押し切る

重心を前の左足に移し、合わせた手で押し切ったら、重心を右足に移していく

11
手を肩幅に開く

右足にある重心を左足に移しながら、両手で押していく

体の向きを変えながら重心移動する

両手は肩の高さ
吐く
吸う
POINT
左足のつま先を床から浮かせる
重心
重心

12 重心を左足に移動

重心を左足に移動しつつ、両手を前方へ、押し出す

13 重心を右足に移動

重心を後ろの右足に移し、左足のつま先を上げる

重心をゆっくりと移動させる

吐く
吸う
重心
体重は
右足にかけておく
POINT
左足のつま先をしっかりまわす
重心

14 体を右に向ける

体を大きく右に向けつつ、右手は右下方へ弧を描き、左手は体へ引き寄せる

15 重心を左足に移動

左足のつま先を内側に向けて、つま先がまわり切ったら、重心を左足に移す

POINT
肘が上がらないように
注意する
吸う
大きな風船を
かかえるイメージ

16

右足を左足内側に寄せる

右足を左足内側に寄せて、つま先を軽く床につく。右手は下、左手は上になり、大きな風船をかかえる形に

重心移動しながら
手を動かす
吐く
重心

17

重心を右足に移動

右足を右前方に出し、重心を右足に移しつつ、右手は前上方へ向かわせる。左手は後下方に押さえる

両手を体の左に引き寄せる

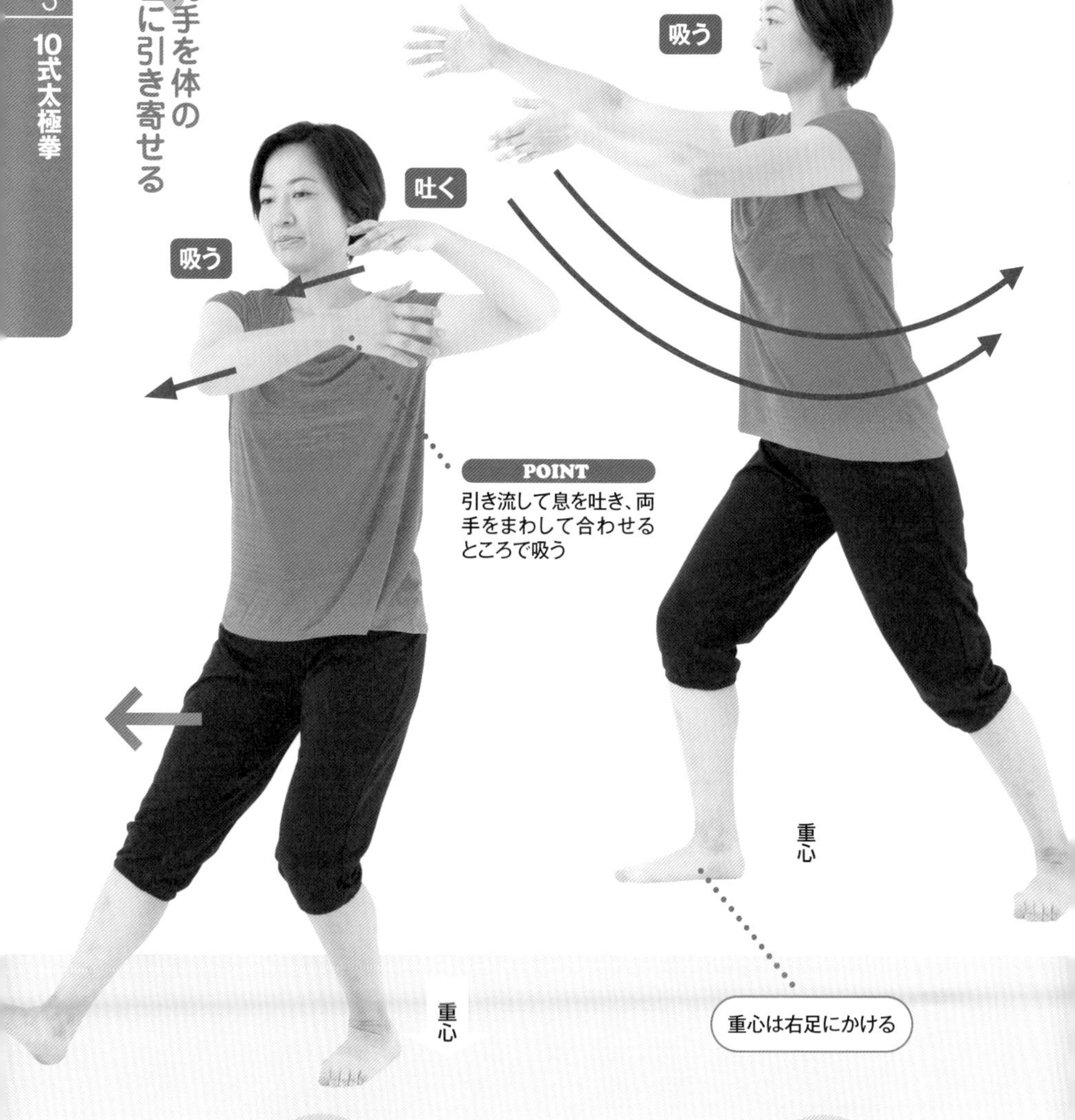
吸う
吐く
吸う
POINT
引き流して息を吐き、両手をまわして合わせるところで吸う
重心
重心
重心は右足にかける

18

右手を左手で迎えにいく

右手が肩の高さまで上がったら、左手で迎えにいって、両手を前方に胸の高さで構える

19

重心を左足に移動

両手を左下に引き流した勢いのままグルッとまわす

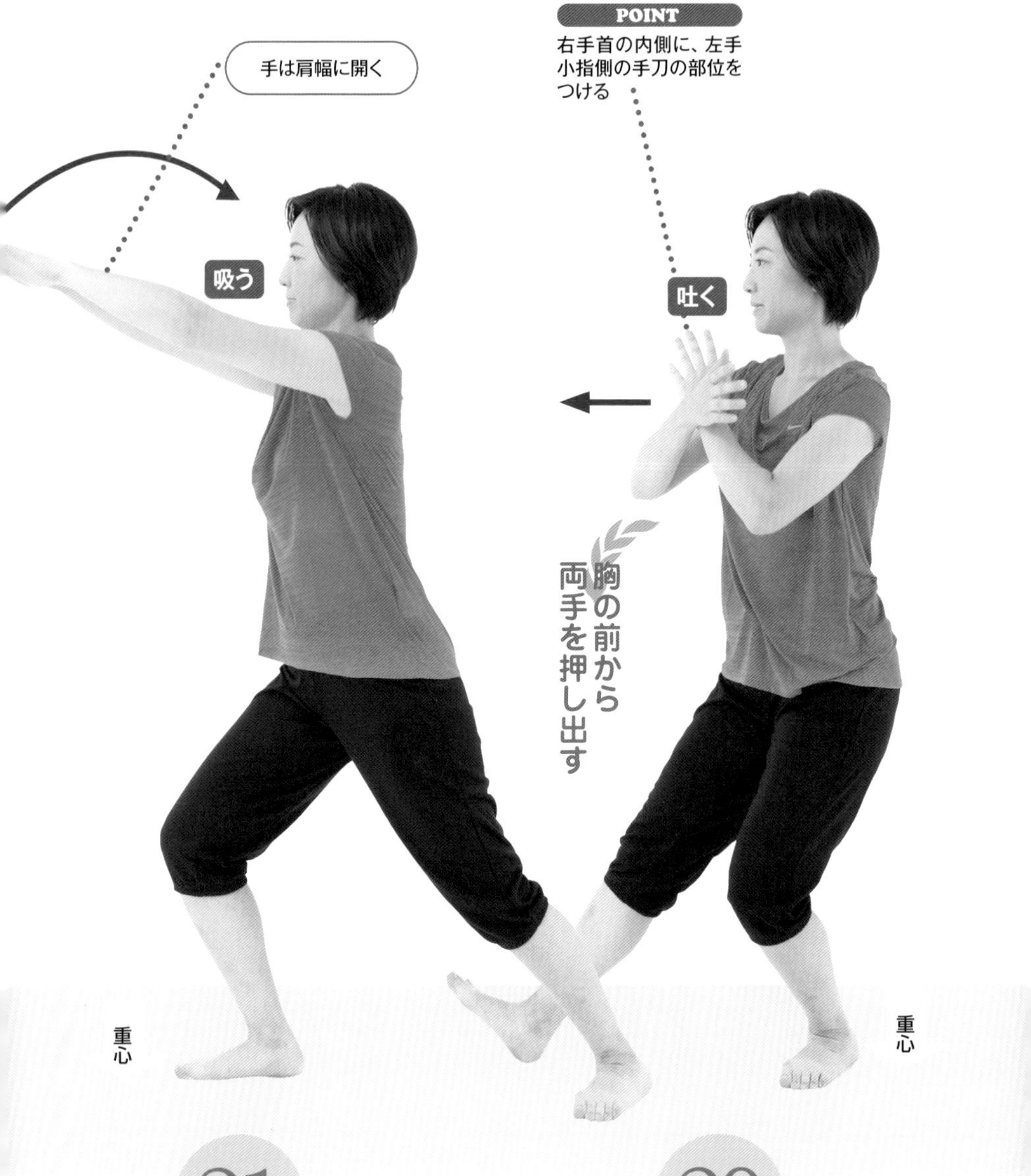
POINT
右手首の内側に、左手小指側の手刀の部位をつける
吐く
胸の前から両手を押し出す
手は肩幅に開く
吸う
重心
重心

20 右手に左手を合わせる

右手は胸の中心線を通り、左手は左外側に弧を描いてから、胸の前で右手に合わせる

21 両手を前方に押し出す

重心を右足に移動しつつ、両手を前方へ押し出す。押し切ったところで左手のひらで右手の甲をなでるようにして、両手の指先を前に向ける

両手のひらは
前方に向ける
吐く
吐く
両手を肩の高さに
押し出す
重心
重心
close-up
右足はつま先を
浮かせる

22

両手を引き寄せる

重心を左足に移しつつ、両手を引き寄せて、みぞおちの高さに下げる

23

両手を押し出す

重心を右足に移しつつ、両手を前方へ、肩の高さまで押し出す

5 単鞭

●ダンビエン

一条の鞭のように打つ

背骨のゆがみ・曲がり・頚椎疾患の改善

重心移動しながら体の向きを変えつつ、ゆったりとした動作で行います。5本の指先を軽く合わせる鉤手（こうしゅ）を作ったり、手刀を打ち出したりするのが特徴です。

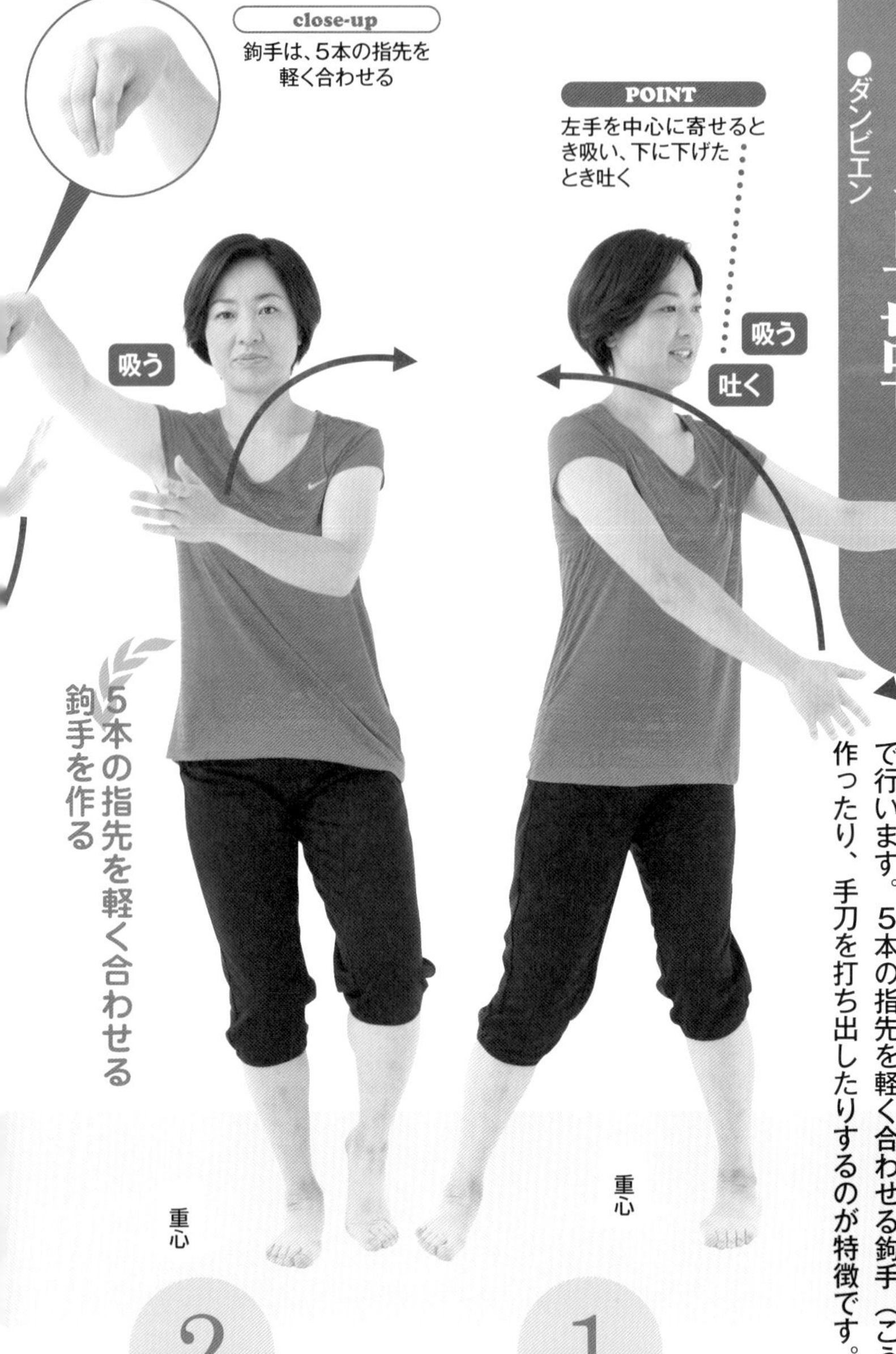

POINT

左手を中心に寄せるとき吸い、下に下げたとき吐く

close-up

鉤手は、5本の指先を軽く合わせる

5本の指先を軽く合わせる鉤手を作る

1

左足に重心を移す

左足に重心を移し、体を左に大きく向ける。左手を外にまわし、続いて右手を外にまわす

2

鉤手を作る

重心を右足に移動し、右手は顔の高さ、左手はお腹の高さで右に移動する。右手が右横にきたら、鉤手を作る

POINT
右手をほどいて指先が上に向くとき吸う、右手が下に下がるとき吐く

3
手刀を打ち出す
重心を左足に移動しつつ、左手で弧を描いて上げたその勢いのまま、左前方へ手刀を打ち出す

4
重心を右足に移動する
右手の鉤手をほどきつつ、重心を右足に移して外にまわす。左足のつま先は上がり、体が大きく右に向く

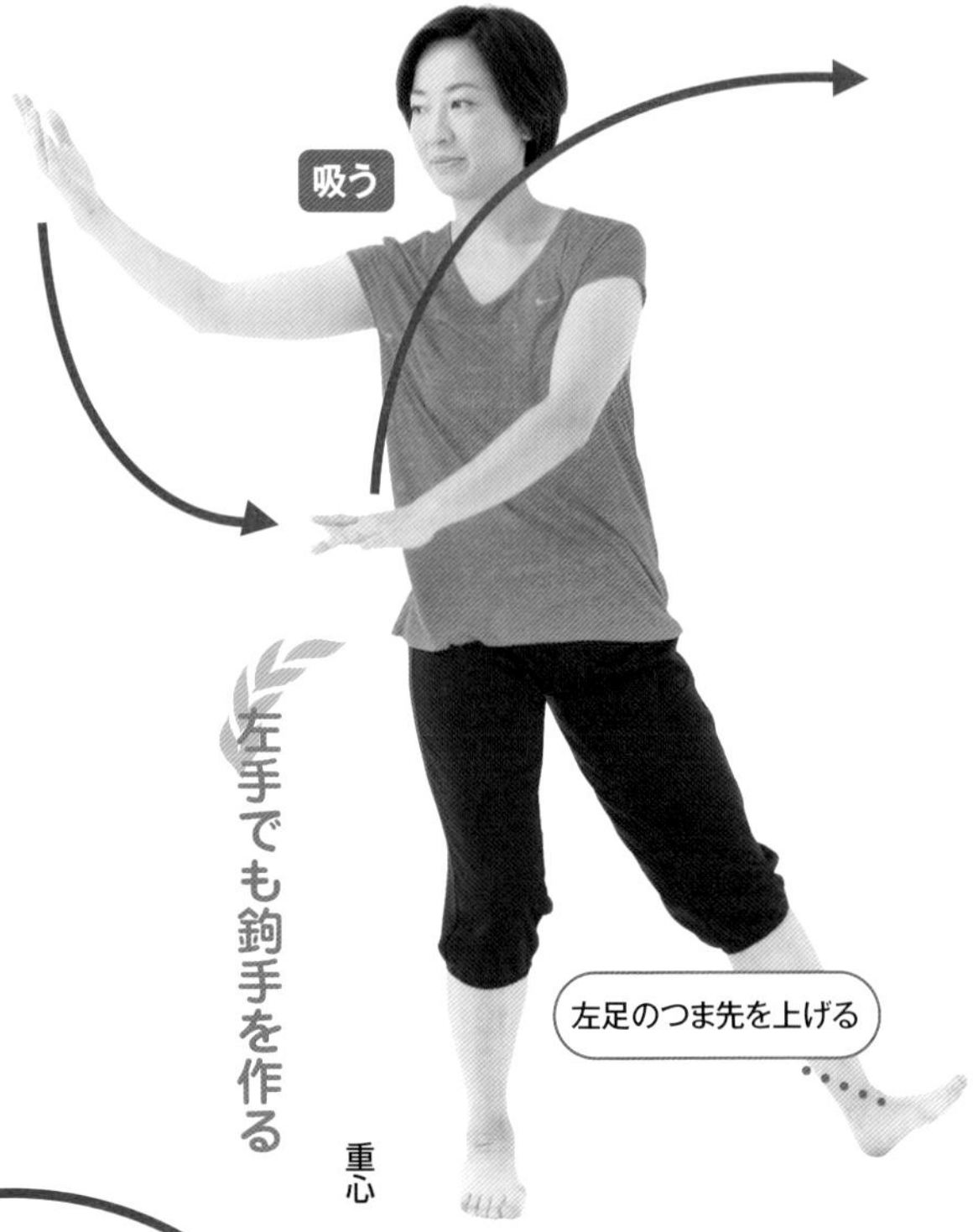
吸う
左手でも鈎手を作る
左足のつま先を上げる
重心

5

両手を右横まで移動

右手は顔の高さ、左手は下腹の高さで、両手を右横まで移動する

吐く
close-up
左手が左横にきたら鈎手を作る
重心

6

左手が左横にきたら鈎手を作る

左足のつま先がまわり切ったら、重心を左足に移動。左手は顔の高さ、右手は下腹の高さで左へ移す

7

手刀を打ち出す

右足に重心移動しながら右手で手刀を打ち出す

10式太極拳

6 金鶏独立

●チンジードーリー

金鶏のように片足立ちする

転倒防止、痔・脱肛の改善

金鶏のように、片足立ちになる動作が出てくるのが特徴。ゆっくりと動きながらその姿勢でバランスを維持します。それにより、転倒防止効果が引き出されます。

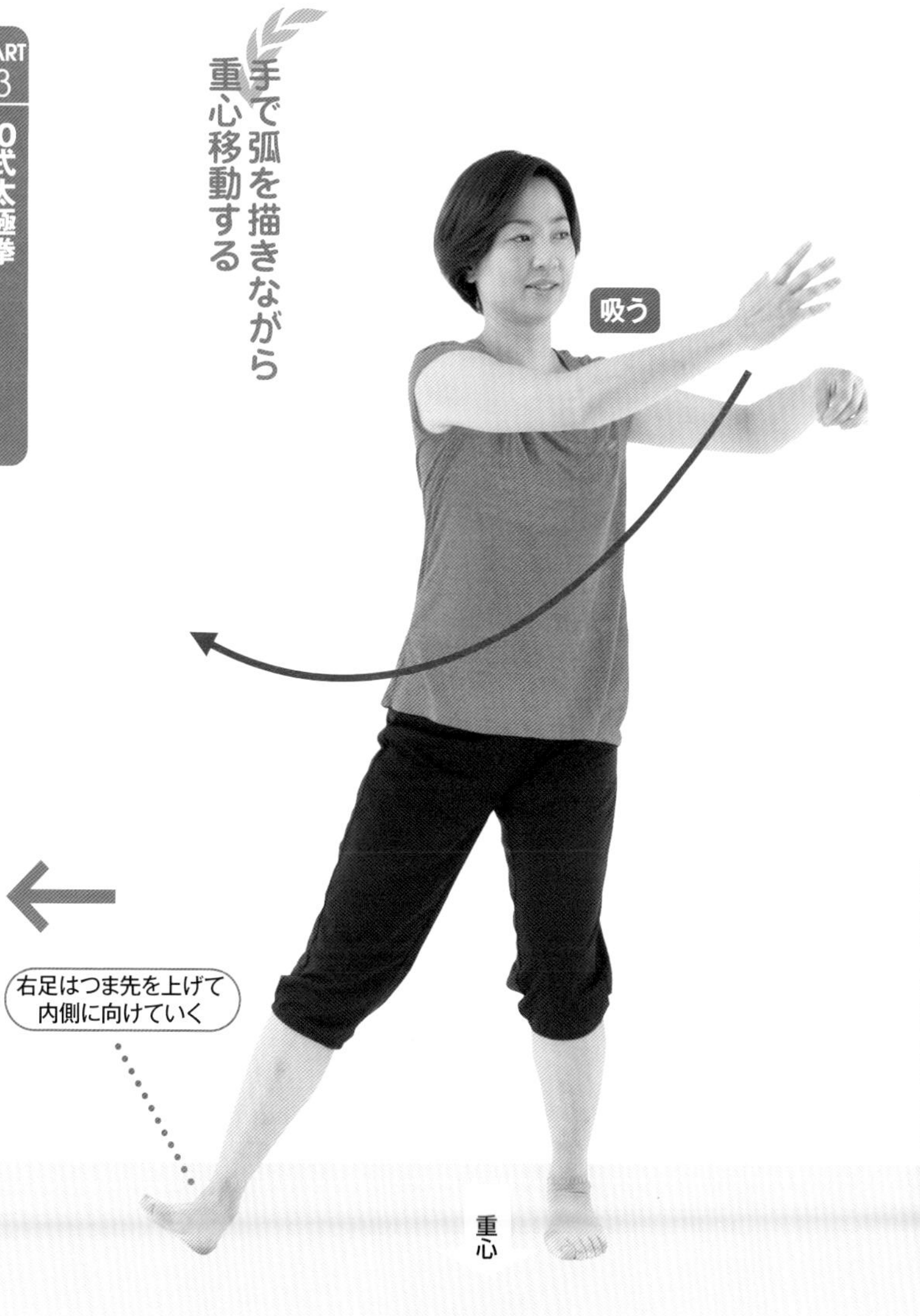
手で弧を描きながら重心移動する
吸う
右足はつま先を上げて内側に向けていく
重心

1

右手を体の左側に移動

重心を左足に移しつつ、体を大きく左へ向ける。右手は一度上方へ向かい、弧を描いて、体の左側に向かい、そのまま内まわしを続ける

POINT
右手で鉤手を作り、左手の鉤手はほどく
POINT
右手で鉤手を作るとき息を吐き、左手を左前方へ出すときに吸う
吸う
吐く
close-up
右手の鉤手はほどく
吐く
POINT
右の大腿上面が水平になるように
重心

2

右手で鉤手を作る

重心を右足に移すと同時に、右手を鉤手にして、右後方、顔の高さに上げる。右手が鉤手になると同時に、左手の鉤手をほどき、内まわしで下ろしたら左前方に出す

3

右手、右腿を上げる

左手を下げながら体重を完全に左足に乗せる。右手は鉤手をほどいて指を開放し、弧を描いて下から上へ向かう。右膝も同時に引き上げる

左手は顔の高さで指先が上向き、右手は手のひらが下向きで右腰脇に

POINT
右足を下ろすときに吸う、左足を上げるときに吐く

POINT
左の大腿上面が水平になるようにする

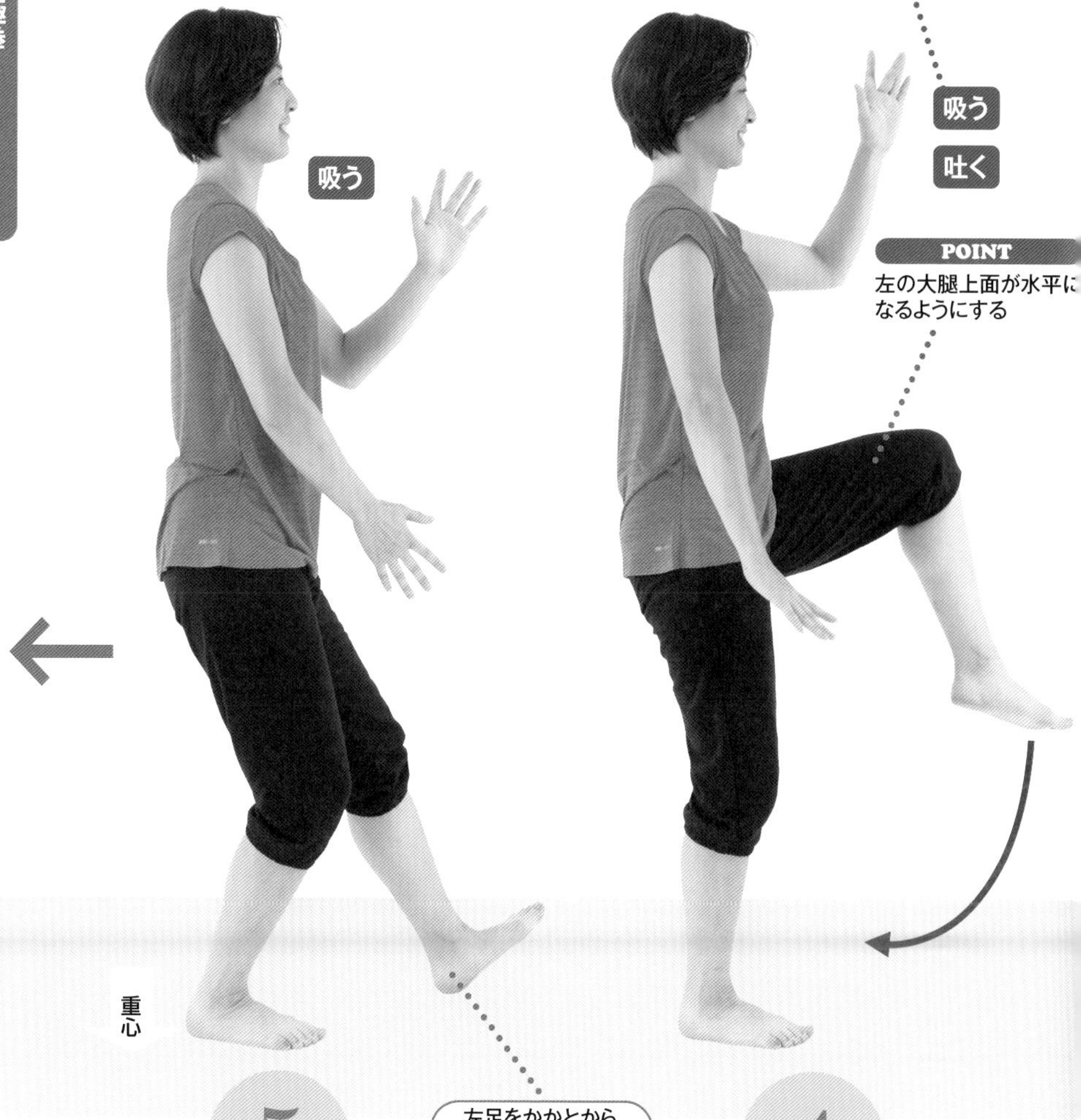

4 左手、左腿を上げる

右足をつま先から下ろして、かかとが床についたら、今度は右手を下へ、左手を上へ同時に移し、左腿を引き上げる

5 左足を下ろす

左足を下ろし、左前方にかかとを軽くつく。同時に左手も下ろす

10式太極拳

7 倒巻肱

●ダオジュエンゴン

両手を前後に大きく開く

腕をまわしながら後退する

腰痛・座骨神経痛の改善

重心を後ろへ移しつつ、同時に腕をまわして後退します。両手を前後に大きく開くダイナミックな動きが含まれますが、力を入れずに柔らかく優雅に行いましょう。

POINT

両手が肩の高さになったとき、指先は下に垂れ、手のひらは下向きになってから、手首を沈め指先を上向きに

1

左手を上、右手を下におく

左手を下ろしながら手のひらを前下方に向ける。右手のひらは上向きで左手の下方に置く

2

両手を大きく開く

左手のひらを前へ押し出しつつ、右手は後ろへ引き、両手を大きく開く。顔は後ろの右手に向ける

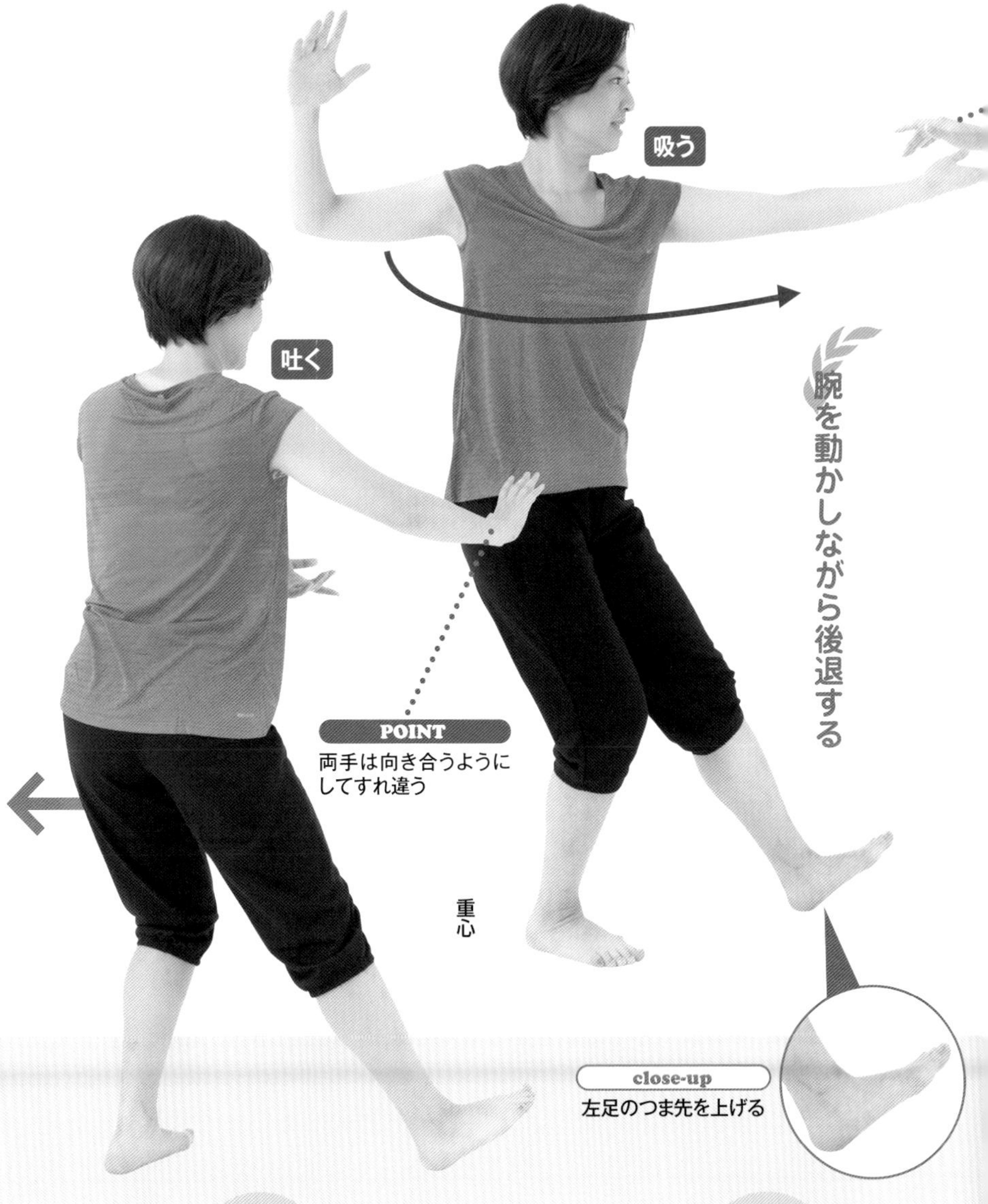
吸う
吐く
腕を動かしながら後退する
POINT
両手は向き合うようにしてすれ違う
重心
close-up
左足のつま先を上げる

3

左手のひらを上、右手のひらを顔に向ける

顔を前に戻すと同時に、左手のひらは上向きにし、右手のひらを上向きにしてから、前に押していく

4

右手のひらを前方へ押し出す

左足を上げて後方へ送り、つま先から着地したら、重心を徐々に後ろへ移しつつ、右手のひらを前方へ押し出す。左手は左後方へ

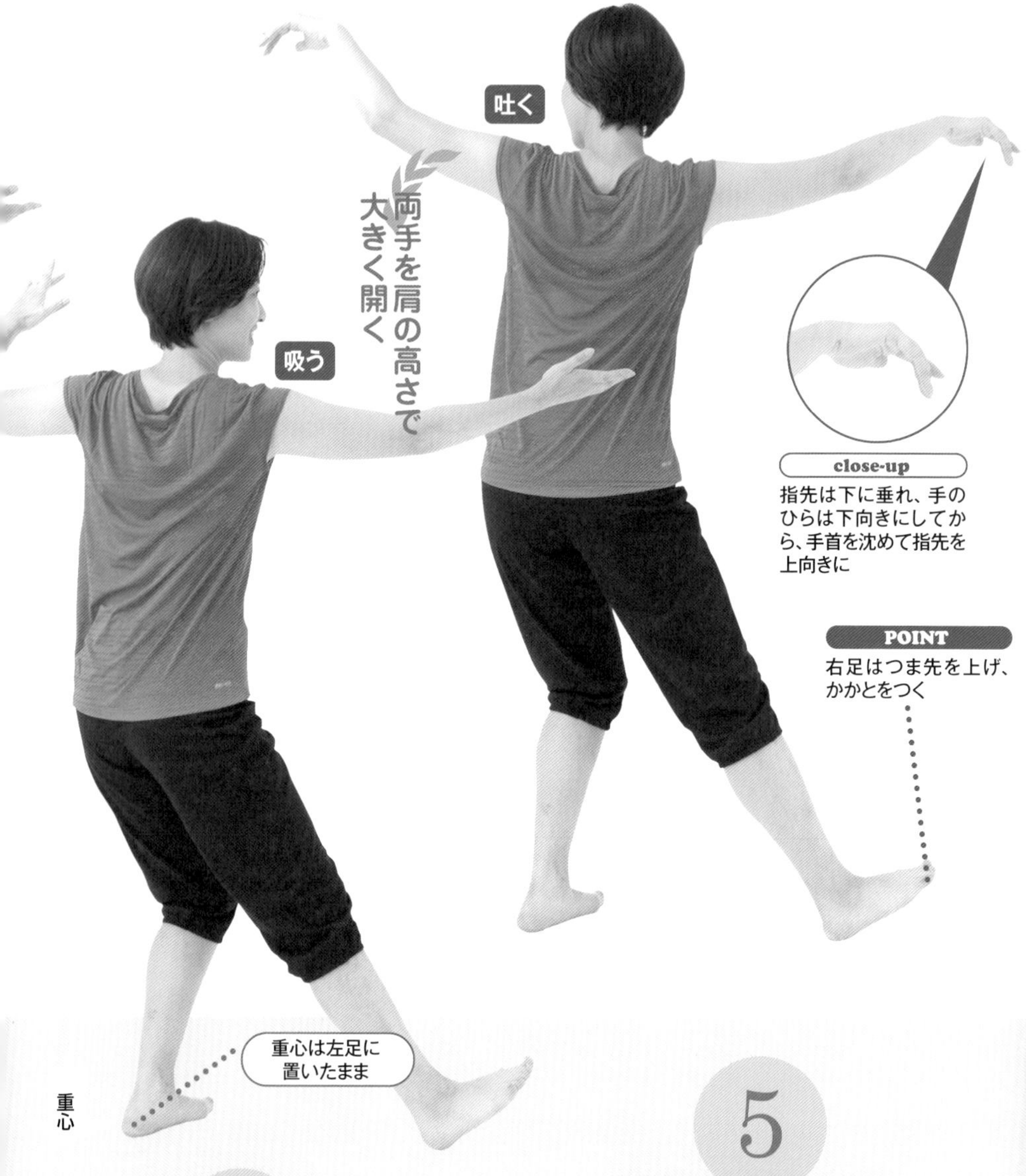
吐く
両手を肩の高さで大きく開く
吸う
close-up
指先は下に垂れ、手のひらは下向きにしてから、手首を沈めて指先を上向きに
POINT
右足はつま先を上げ、かかとをつく
重心は左足に置いたまま
重心

5

両手が肩の高さに至る

両手が肩の高さに至り、指先は下に垂れ、手のひらは下向きになる。そこから手首を下に沈めるようにしながら、指を立てて左手を見る

6

顔を前に戻す

顔を前に戻すと同時に、右手のひらは上向きにし、左手のひらは顔に向けつつ、左耳前あたりに構える

8
両手が肩の高さに至る

重心を徐々に右足へ移動しつつ、右手を引き寄せ左手のひらを押し出す。両手のひらが向き合うようにすれ違い、両手が肩の高さに至ったら、手のひらは下向きに

POINT
指先は下に垂らし、手首を下して指先を上向きに

重心は左足に置いたまま

7
つま先を軽くつく

右膝を引き上げて右足を右後方へ送り、つま先を床に軽くつける

10式太極拳

8 高探馬

●ガオタンマ

馬に高く手を差し出すように打つ

弱気・精神不安の改善

喉の高さあたりに、右手の手刀を前方へ打ち出します。重心は右足に乗せたまま。左右の手を入れ替えたあとは、両手とも体の中心線に位置させましょう。

POINT

右手は喉の高さ、左手はへそよりやや上の高さで、両手ともに体の中心線から外れないように

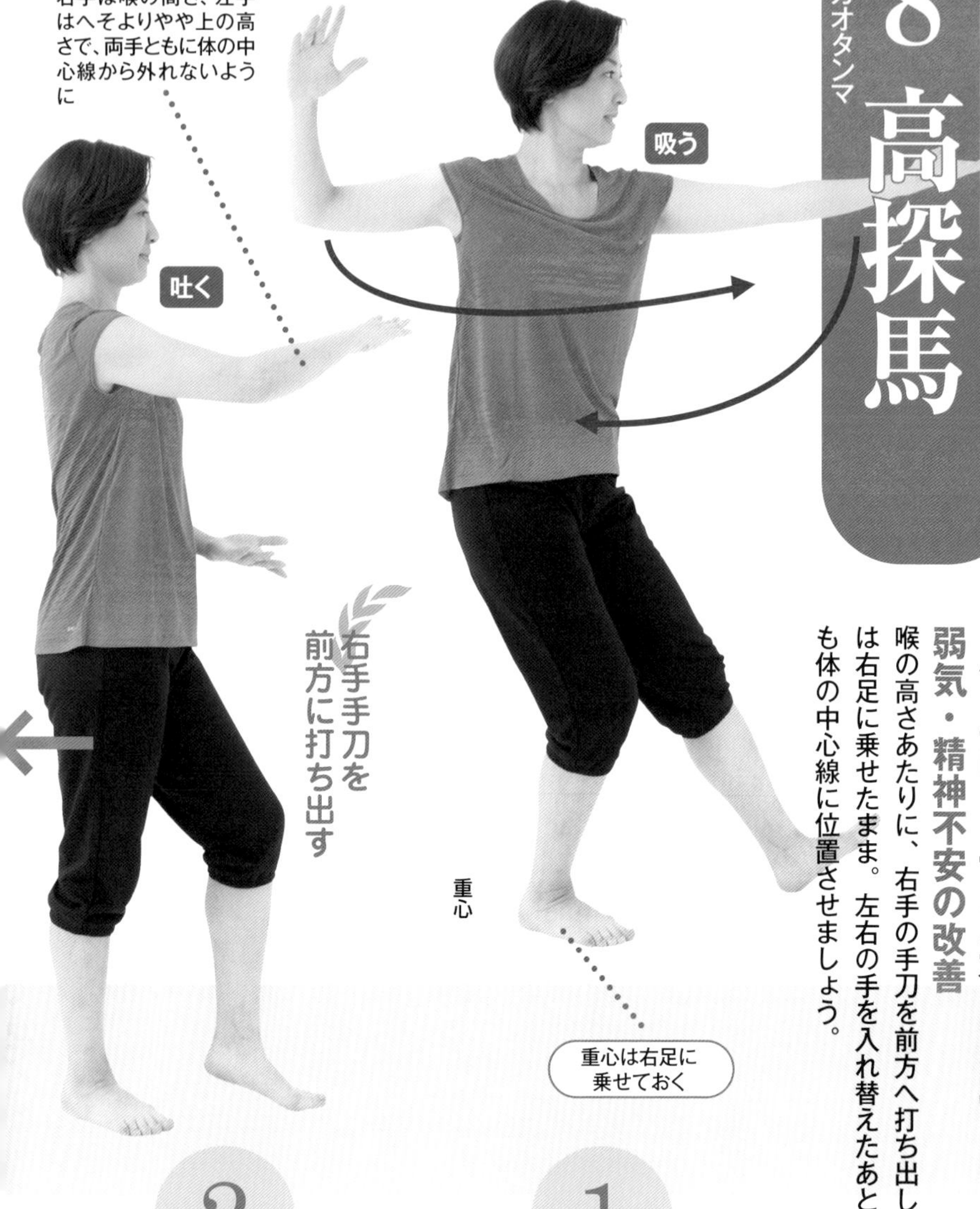
吸う
吐く
右手手刀を前方に打ち出す
重心
重心は右足に乗せておく

1 前方に顔を向ける

前方に顔を向けると同時に左手のひらは上向きにし、右手のひらは顔の方へ向けつつ、右耳の高さあたりに置く

2 左足を引き寄せる

左足を引き寄せ、右足内側の左前方につま先を軽くつく。左手は体に引き寄せつつ、右手小指側の手刀を、手のひらを下向きにして前方へ打ち出す

10式太極拳

9 搬攔捶

●バンランチュイ

払い、さえぎって、突く

慢性疲労の改善・気力増進

両手の大きな円運動の中で、払い、さえぎって、拳で突く動作が入ります。重心を前に移動しながら拳を打ち出すとともに、反対側の手は引き寄せます。

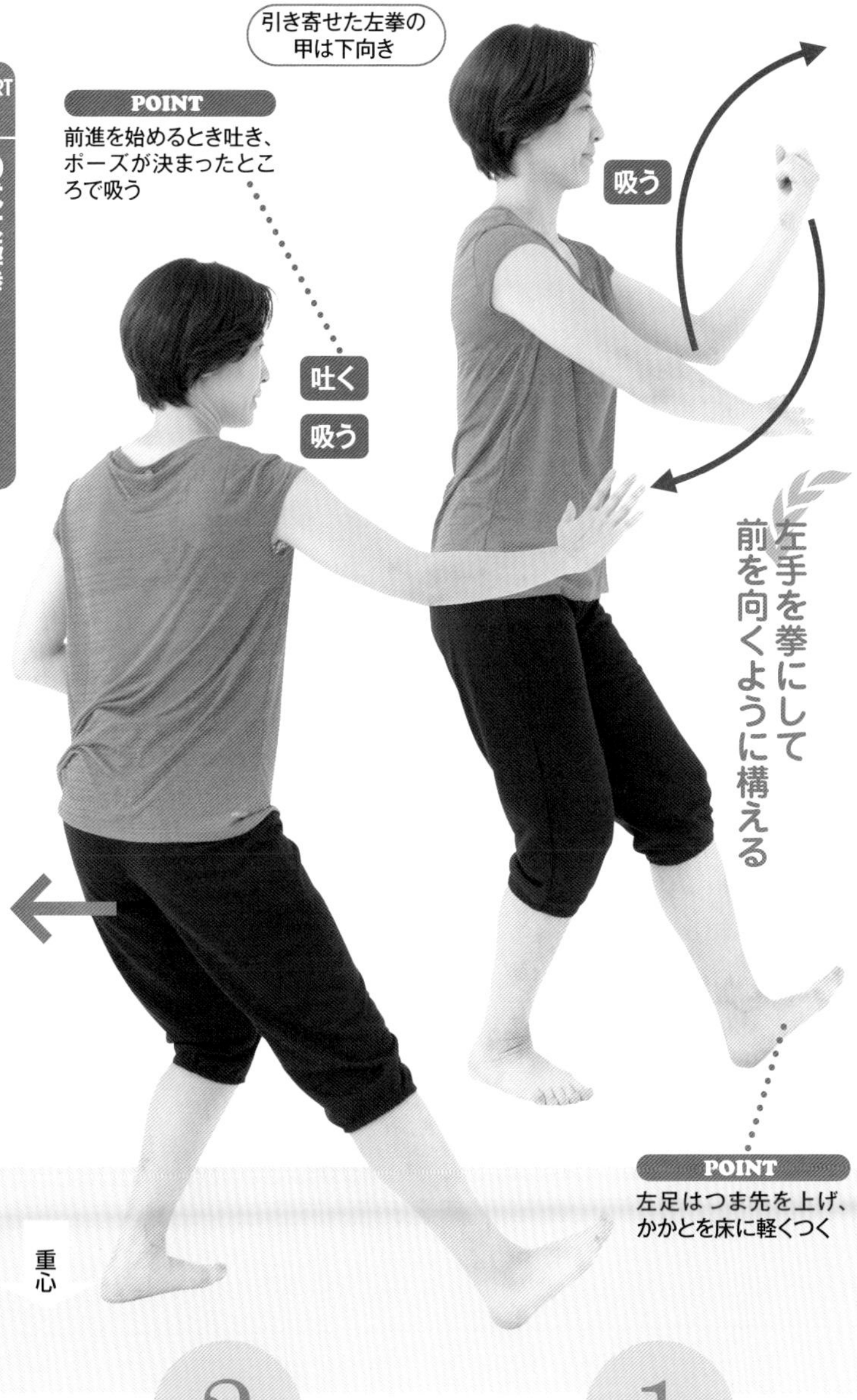
引き寄せた左拳の甲は下向き
POINT
前進を始めるとき吐き、ポーズが決まったところで吸う
吸う
吐く
吸う
左手を拳にして前を向くように構える
POINT
左足はつま先を上げ、かかとを床に軽くつく
重心

1

右手は下へ、左手は顔の前へ

右手は手のひらを下向きにして下へ、同時に左手は手の甲が前に向くように拳にして、顔の前へ。ここから前進する

2

左拳を引き寄せ、右手は前へ

左拳を左腰へ引き寄せつつ、右手は弧を描いて前へ向かい、指先を上に向けて構える。同時に右足を右前方へ送り、かかとを床につける

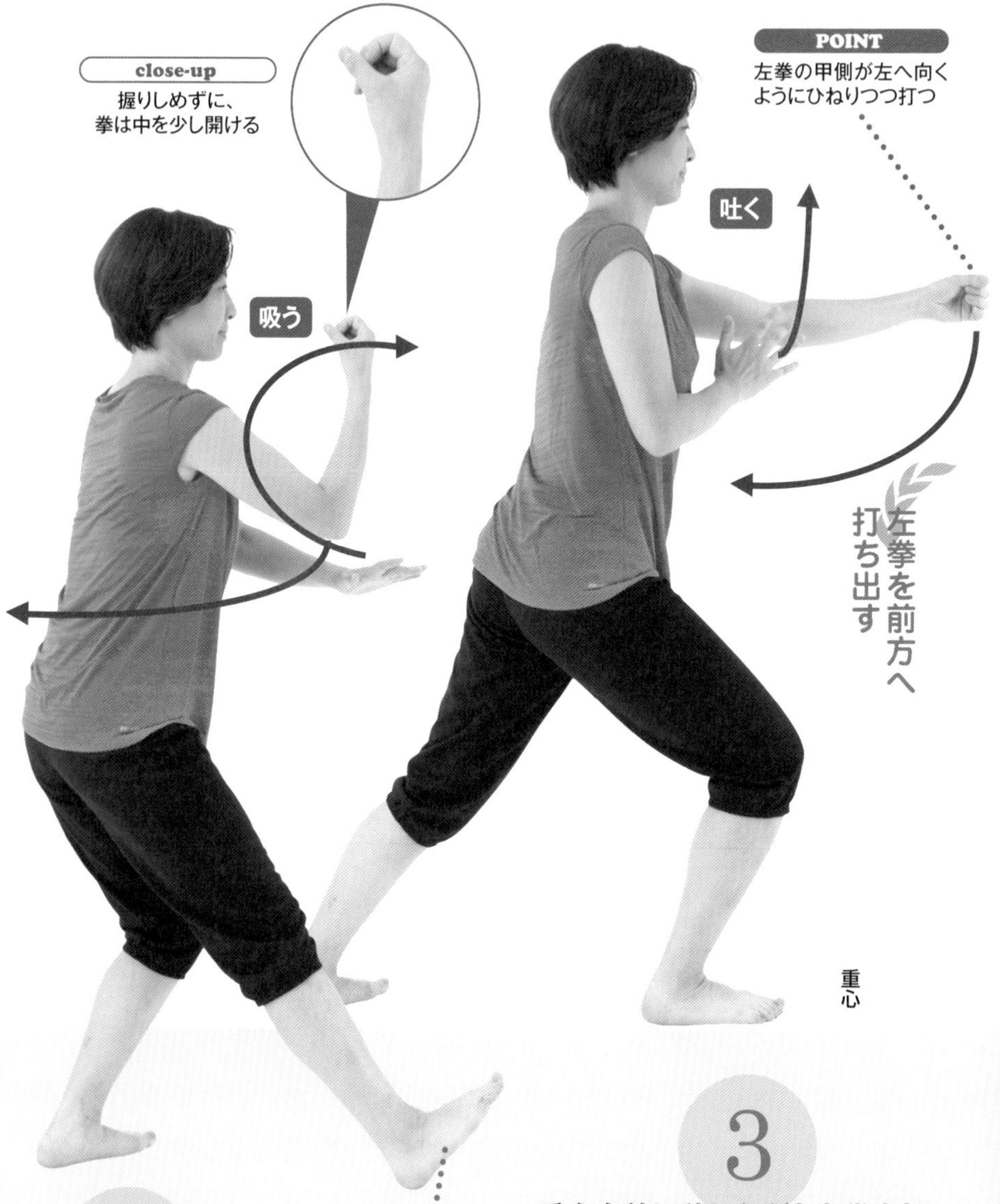
close-up
握りしめずに、
拳は中を少し開ける
POINT
左拳の甲側が左へ向く
ようにひねりつつ打つ
吸う
吐く
左拳を前方へ打ち出す
重心
重心
右足はつま先を上げ、
かかとをつく

3

重心を前に移しながら左拳を打つ

重心を前の右足へ移しつつ、左拳を前方へ打ち出す。同時に右手を引き寄せ、指の腹で左肘のやや前寄りに添える

4

右手を拳にする

左手のひらを開いて重心を後ろの左足に移しつつ、右手の甲を前方へ出し、顔の前で拳にする。左手は下がって手のひらが下を向き、へその前に置く

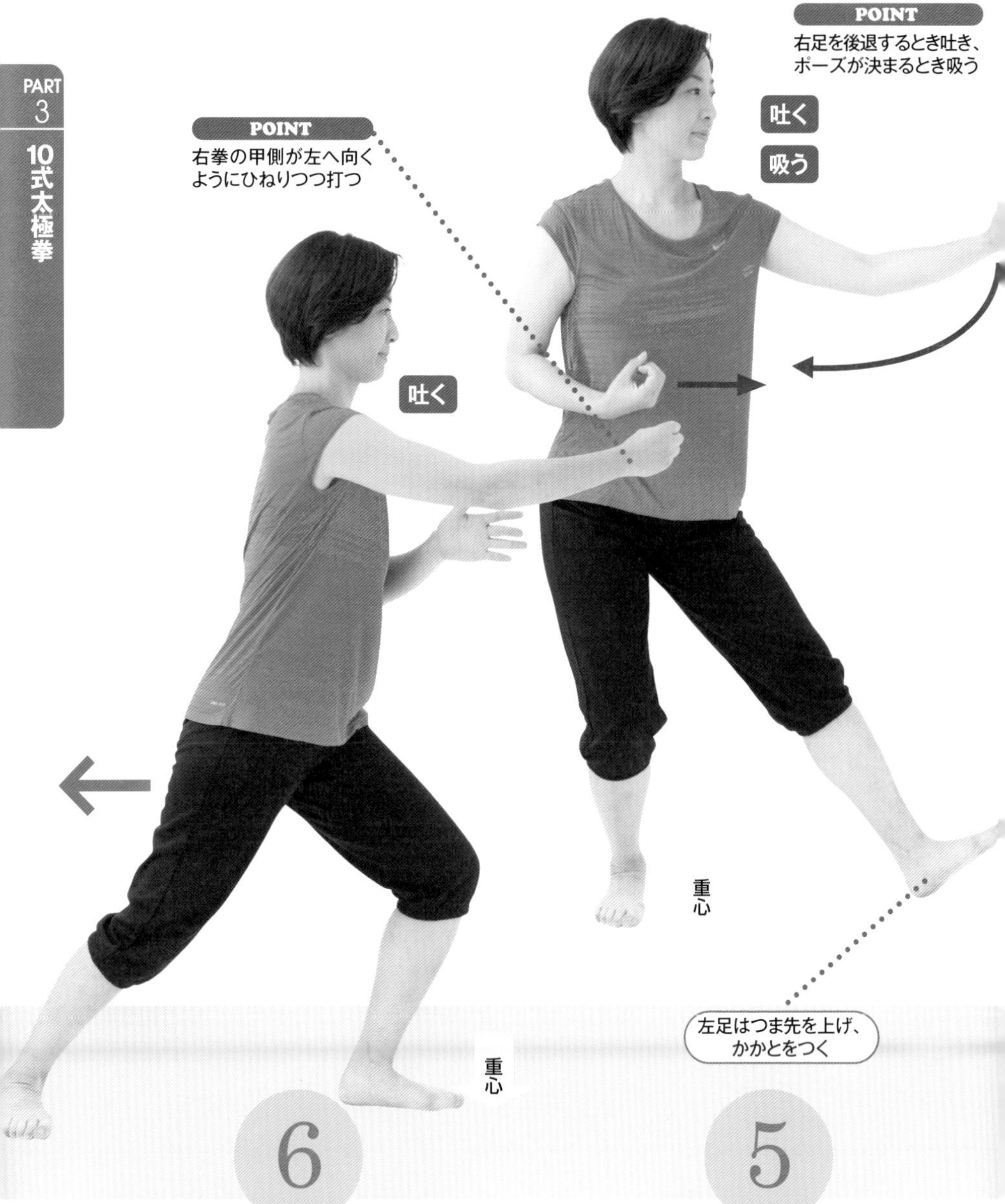
POINT
右足を後退するとき吐き、
ポーズが決まるとき吸う
吐く
吸う
POINT
右拳の甲側が左へ向く
ようにひねりつつ打つ
吐く
重心
左足はつま先を上げ、
かかとをつく
重心

5 右拳を引き寄せる

右足を膝から引き上げるようにして後ろへ送る。重心を右足へ移しつつ、右拳を右腰へ引き寄せる。右拳の甲は下向き。同時に左手は弧を描いて前へ向かい、指先を上向きにして構える

6 重心を前に移しながら右拳を打つ

重心を前の左足へ移しつつ、右拳を前方へ打ち出す。この時、右拳の甲側が右へ向くようにひねりつつ打つ。同時に左手を引き寄せ、指の腹で右肘のやや前寄りに添える

10式太極拳

10 収勢

●ショウシ

終わりの体勢

背部のこわばりの改善

正面に向き直して伸び上がり、ゆっくりと両手を下ろして立位の姿勢で終了する終わりの体勢。下腹の前で手のひらを重ねるときは、右手が上になるようにする。

顔は正面に
向けておく
吸う
伸び上がりながら
両手を上げていく
吸う
吐く

POINT
右手をまわしながら正面に向くとき吸い、ポーズが決まるとき吐く

POINT
両手を下腹の前で、右手が上になるように重ねる

1

正面を向き直す

体を右に向けて正面を向き直す。右手は弧を描いて右へ移動。同時に右足を左足と平行になるように揃え、肩幅の広さで立ち両手を重ねる

2

手を頭上へ上げる

膝を伸ばしつつ、両手を体の中心線に沿って上げる。肩の高さで手のひらをひるがえして、頭上まで高く上げて両手のひらを上向きに

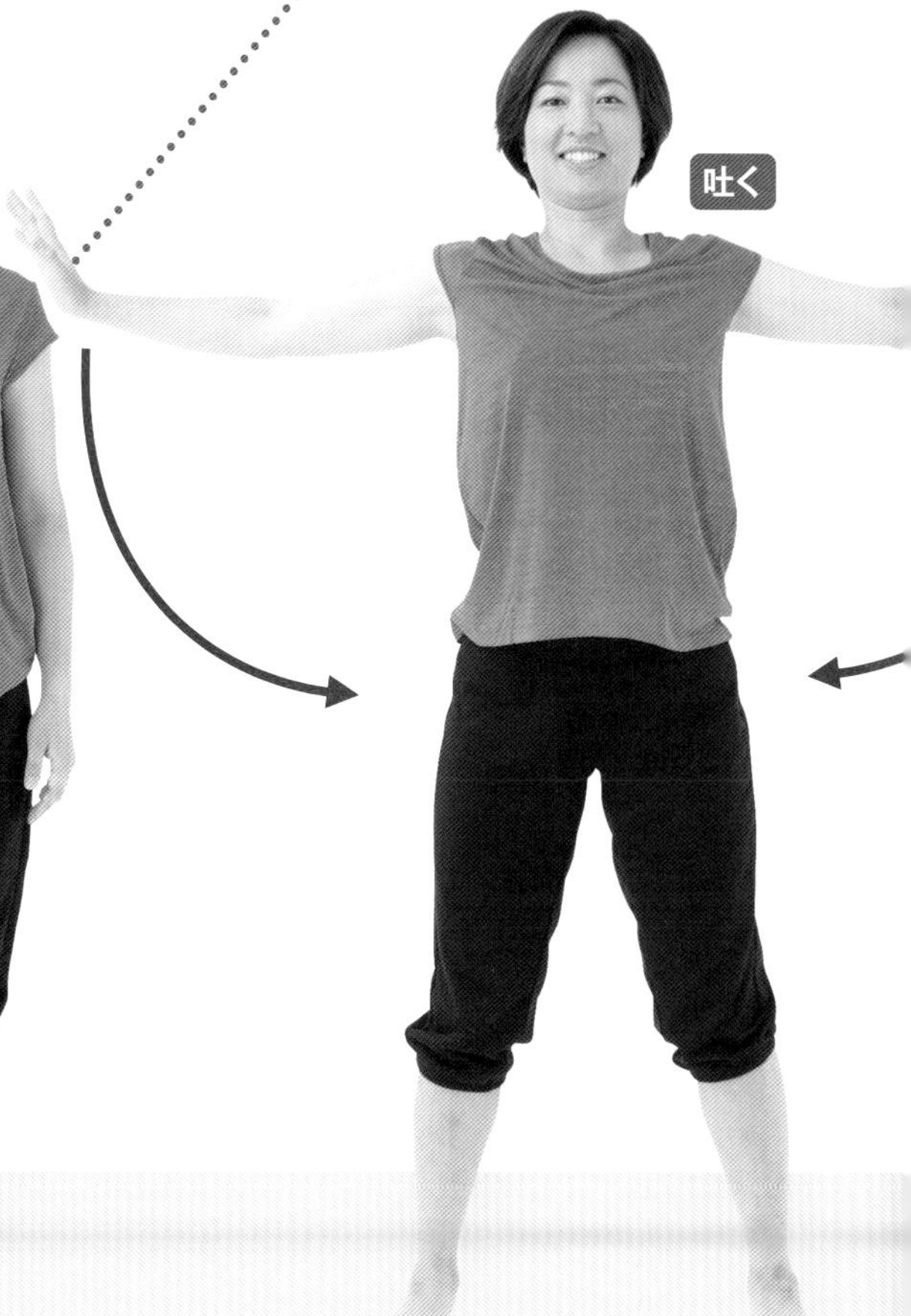
肩の高さでは、
手のひらは外向き
吐く

3

手を下ろす

両手を左右に開きつつ、ゆっくりと下ろしていく

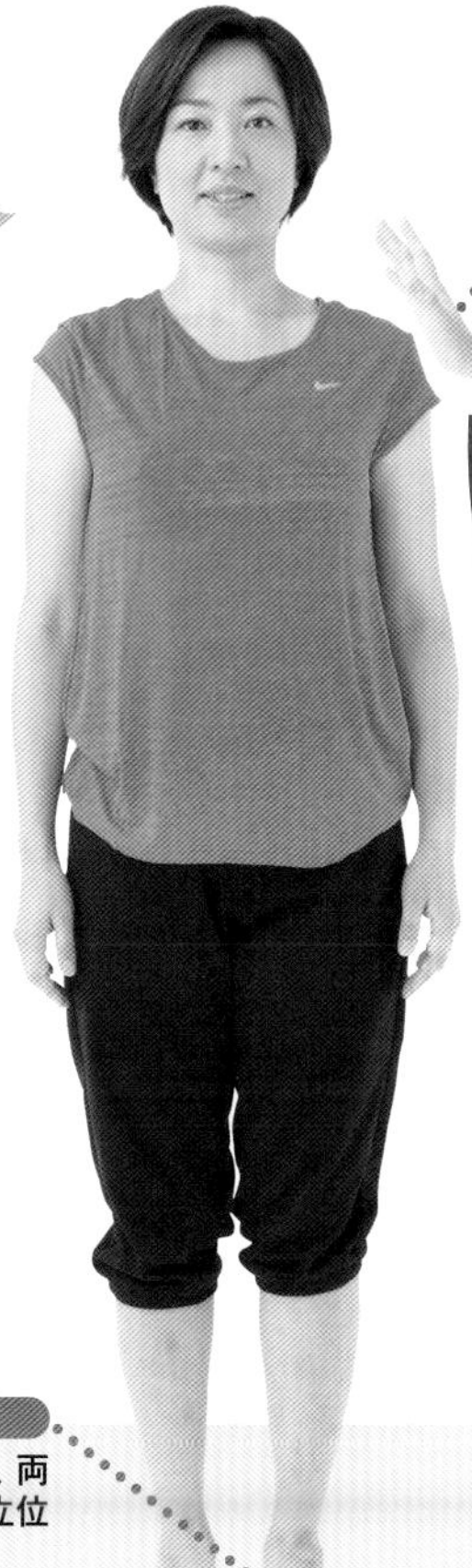
自然の呼吸
手を下ろして大腿の外側におく
POINT
拳ひとつ分開けて、両足を閉じた自然な立位で終了

4

左足を右足に寄せて立位に

両手を下ろしたときには、両手のひらを内向きにし、大腿の外側におく。ここで唾液を飲み込んで、下腹丹田に送り、重心を右足に移動して、左足を右足に寄せる

「10式太極拳」体験談

病気を通じて
大切なことに気づく

（埼玉県・中瀬さん）

初期の乳がんが発覚したのが5年前。それ以前は、とてもハードな人生でした。仕事も役員も何でも引き受けて、3時間睡眠で、振り返れば病気になっておかしくない人生。

抗がん剤治療や放射線治療を行うと、自然治癒力が下がります。私はなるべくそれらに頼らず、鵜沼先生のメソッドを信じて実践してきました。すると、やっている間は確かに痛みが緩和されるのです。抗がん剤による副作用としてのしびれは強いのですが、それが和らぎます。

この病気がなければ、大切なことに気づけなかったでしょう。苦しみのない人はいないと思いますが、私はがんほどの大きなショックにより「このままじゃいけない」と気づかせてもらえました。死と対峙すると残された時間を無駄にできないから、「何が本物か」が分かるんですね。「ブラブラ体操」は、自分が最も輝いていたときを思い出しながらやると脳が喜びます。また「10式太極拳」もワクワク感が湧き出て、心身のバランスが整います。3分でできるため日常生活の中で無理なく続けられます。そして続けることこそ、何よりも大切だと思います。

PART 4

太極拳式 健康メソッド20

太極拳の効果を応用すれば、心身のさらなる改善をかなえることもできます。ボディラインを整える、体を好調にする、メンタル面での充実を図ることも可能。代表的な20のテーマについて取り上げました。

●ボディライン

ヒップアップ
バストアップ
ウエスト引き締め
猫背改善
体のゆがみを直す

●体の不調

不眠改善
肩こり改善
腰痛改善
便秘改善
下痢改善
過食症改善
食欲不振改善
冷え性改善
血行促進
全身疲労改善
高血圧改善

●メンタル

リラックス
ストレス解消
集中力アップ
気力アップ

ボディライン

ヒップアップ

鳥形《トリガタ》

この姿勢から
スタート

左右
3回ずつ

顔は自然に
正面に向ける

両手は前方で扇形に広げ、
指先を垂らして構える

体重を右足に乗せ、
左つま先を前につける

動画でチェック!

つま先から反らせる

足を後ろに上げてつま先から反らせることで、ヒップアップをかなえます。体を反ったときに、顔を上げて、胸も大きく張るようにしましょう。

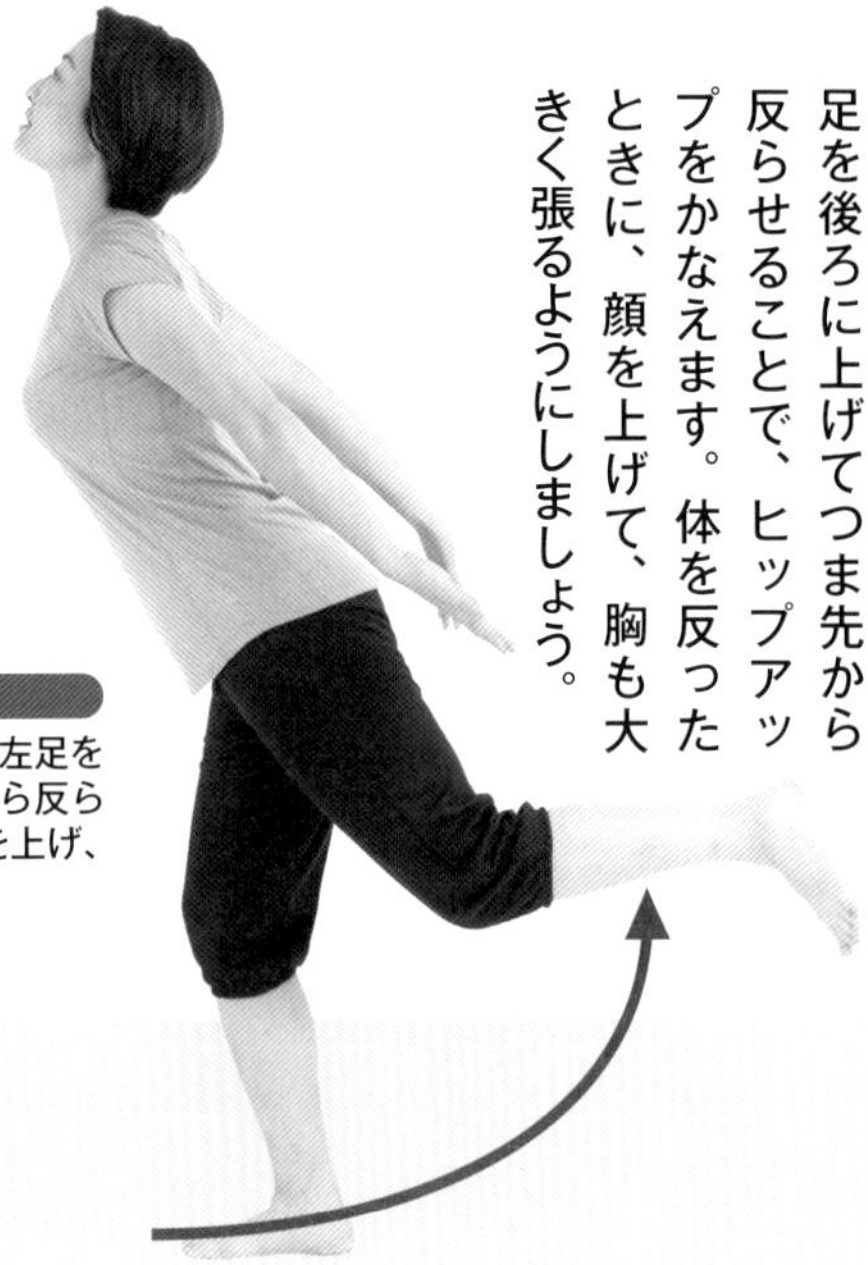

POINT

息を吐きながら、左足を後ろにつま先から反らせる。同時に顔を上げ、胸を張る

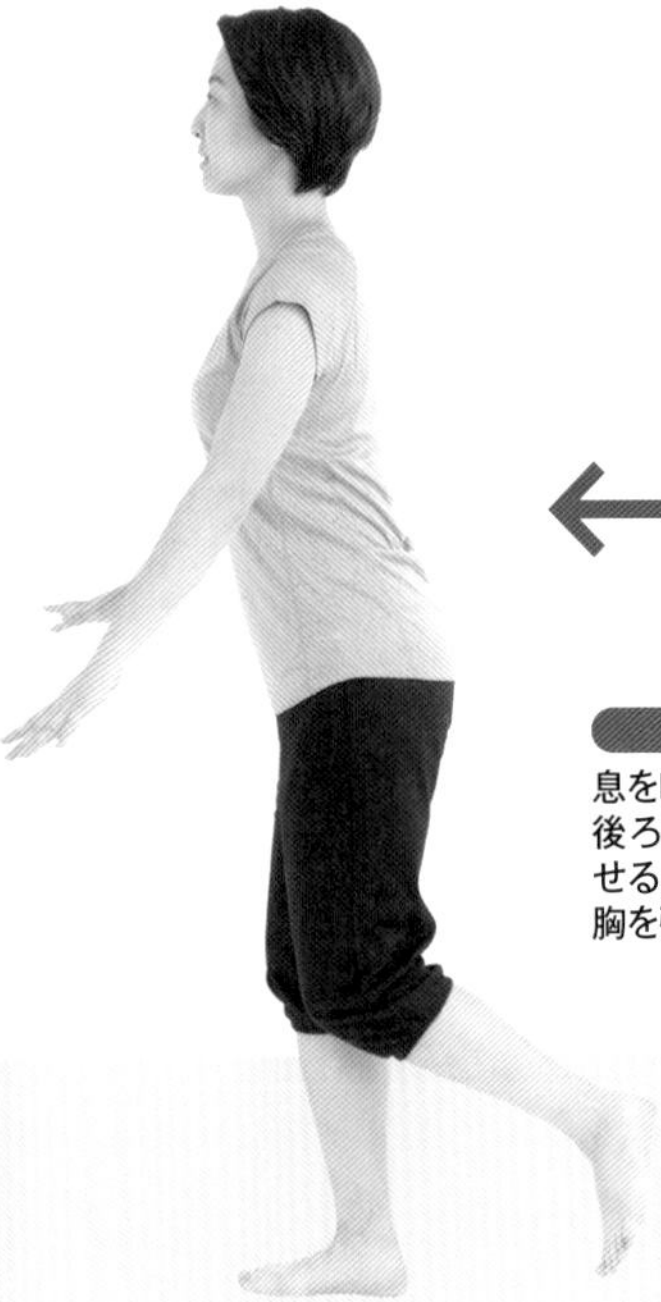

息を吐きながら
もとの姿勢にもどる

ボディライン

バストアップ

龍騰功《リュウトウコウ》

動画でチェック!

胸を大きく張る

肘を後ろに引き、胸を大きく張った姿勢で構え、手のひらを返しながら腰をまわします。呼吸に合わせてゆっくりと等速で左右交互にまわしていきます。

この姿勢からスタート

左右交互に3回ずつ

眉間、口元を緩める

両手は腰に構えて、手のひらを上向きに。指先がお腹より前に出ないように胸を張り、脇を締める

両足は肩幅よりわずかに広く開く

POINT

息を吸いながら右手を前に出し、吐きながら手のひらを返して腰でまわしていき、いっぱいまでいったら、手のひらを返して吸いながら正面に戻る

最後は息を吐きながら元の位置に収める

ボディライン

ウエスト引き締め

転換功《テンカンコウ》

動画でチェック!

両手で大きな半円を描く

両手で自分の前に大きな半円を、上・中・下と高さを移動させながら描いていきます。手と腰が逆に向かうようにして、体幹をくねくねと動かすのがコツです。

この姿勢からスタート
視線は動かす指先に向ける
両手を合わせ、合掌して構える
両足は閉じて立つ
右上
左上
左中
上→中→下→中→上→中と動かす

左右3回ずつ

POINT
自分の前に両手で大きな半円を描く

3回行ったら
もとの姿勢に戻る
POINT
手と腰が逆に向かうようにくねくね動く
右下
左下
右中

両手で水平の8の字を描く

手のひらを合わせて合掌し、体の前で水平の8の字を描きます。上から見てできるだけ大きな8の字になるように、めいっぱいのところまで動かしましょう。

左右
3回ずつ
POINT
右にまわすときは、右手が上、左にまわすときは、左手が上
右
左
動作できるいっぱいの
ところまで、大きく動かす

ボディライン

猫背改善

吊頂蹲起《チョウチョウソンキ》

動画でチェック!

この姿勢からスタート

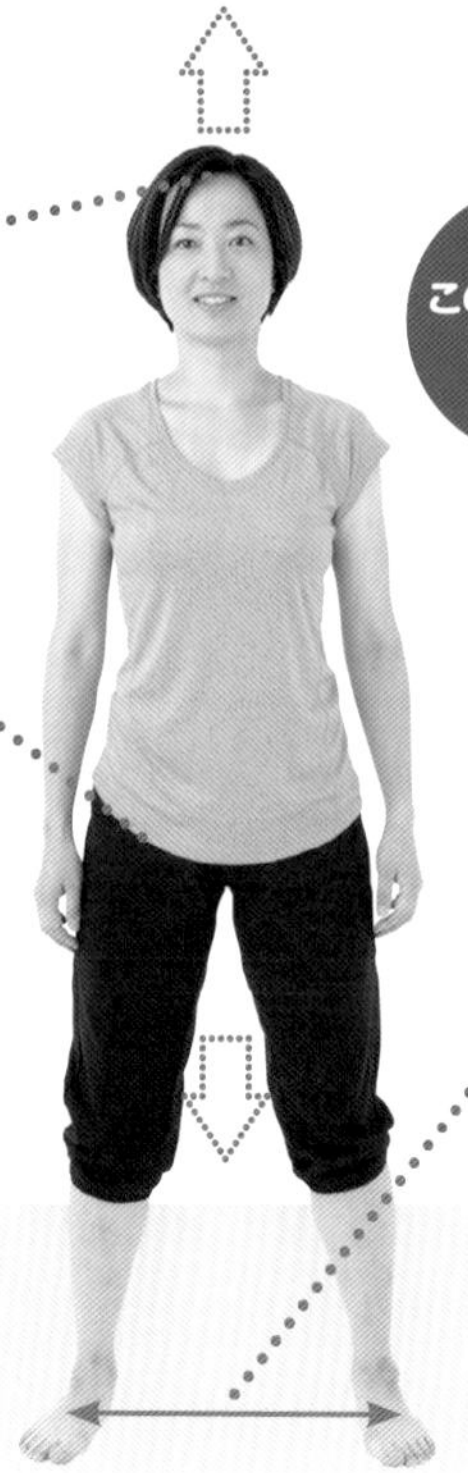

頭頂部がロープで引き上げられているイメージ

尾骨がロープで引き下げられているイメージ

両足は肩幅に開いて立つ

ロープで引っ張られるイメージ

屈伸を、上下からロープで引っ張られるような力を感じながら行います。その後、全身を揺すって背骨の一節一節を引き離すようにし、姿勢を整えます。

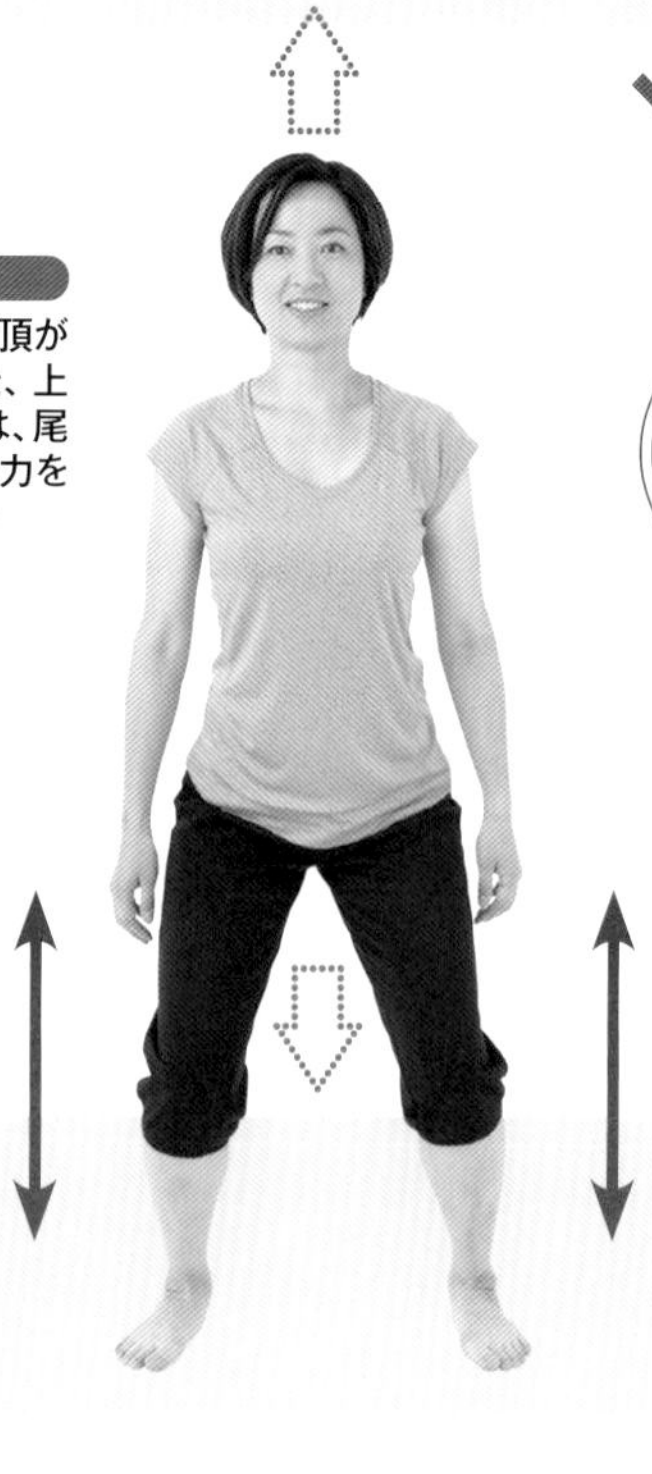

7回

POINT

下に沈むときは、頭頂が上に引かれる力を、上に立ち上がるときは、尾骨が下に引かれる力を感じる。等速で行う

ゆすり伸ばし

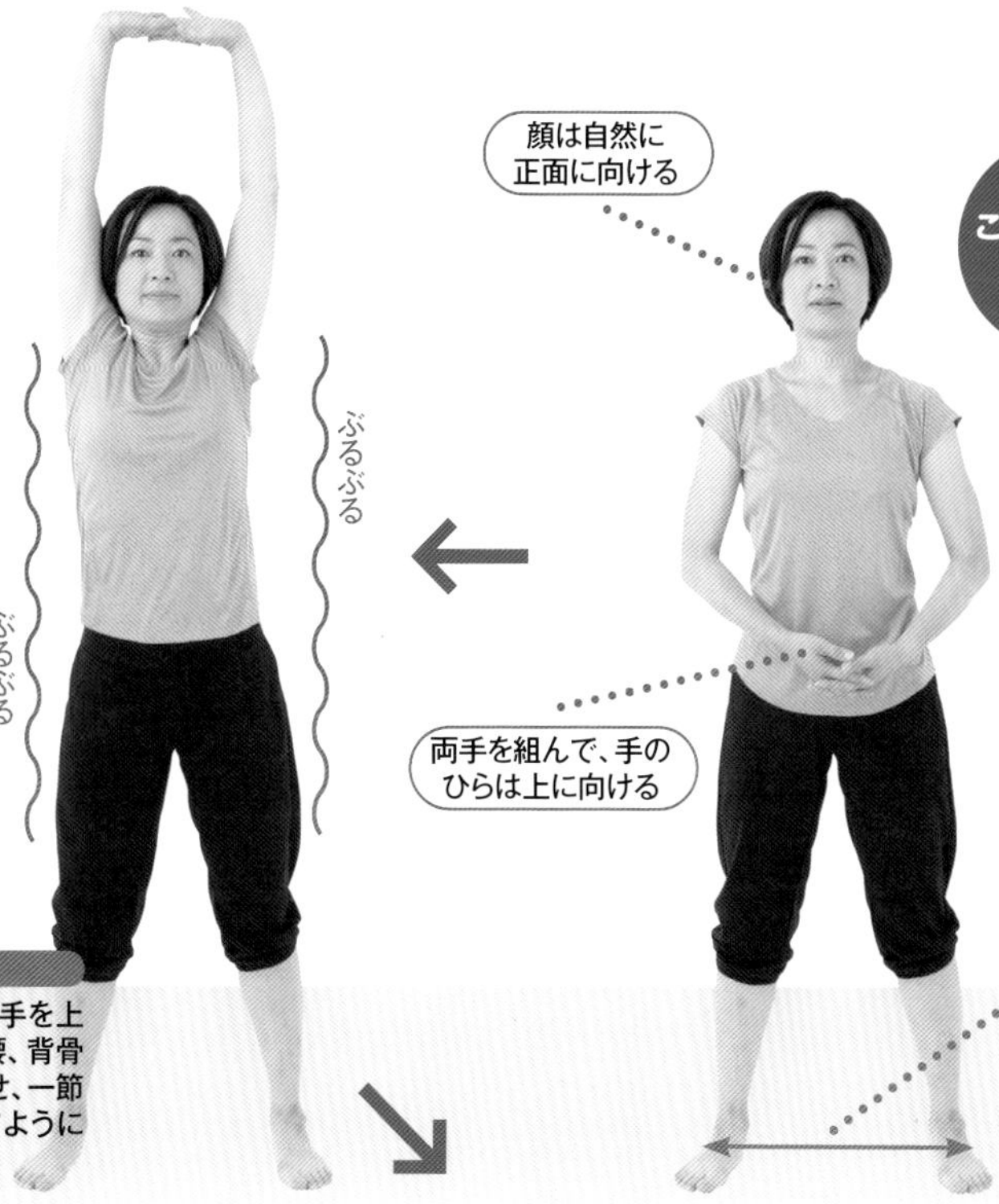
この姿勢からスタート
顔は自然に正面に向ける
両手を組んで、手のひらは上に向ける
両足は肩幅に開いて立つ
ぶるぶる
ぶるぶる

POINT
息を吸いながら手を上げ、吐きつつ、腰、背骨をぶるぶるとさせ、一節一節を引き離すように揺さぶる

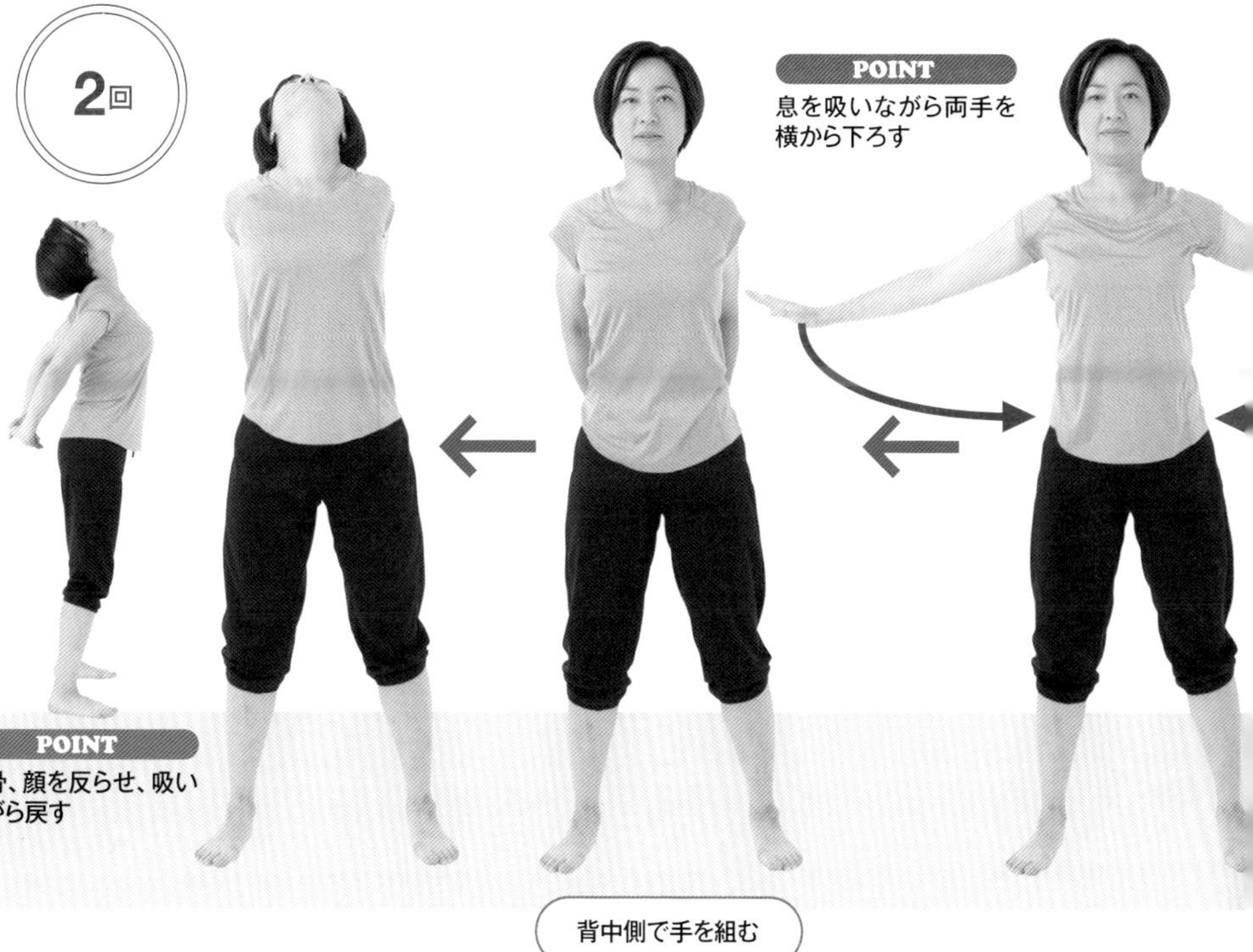
2回
背中側で手を組む

POINT
息を吸いながら両手を横から下ろす

POINT
背骨、顔を反らせ、吸いながら戻す

ボディライン

体のゆがみを直す

動画でチェック!

双龍纏身《ソウリュウテンシン》

龍に見立てた腕を体に巻きつける

両腕を2匹の龍に見立てます。2匹の龍が巻きつく力で腰がまわっていき、左右に回転。まわれるところまで無理のない範囲でまわるようにしましょう。

この姿勢からスタート

顔は自然に正面に向ける

手は、吸いながら横で肩の高さに上げ、手のひらは下向きに

両足は肩幅に開いて立つ

左右2回ずつ

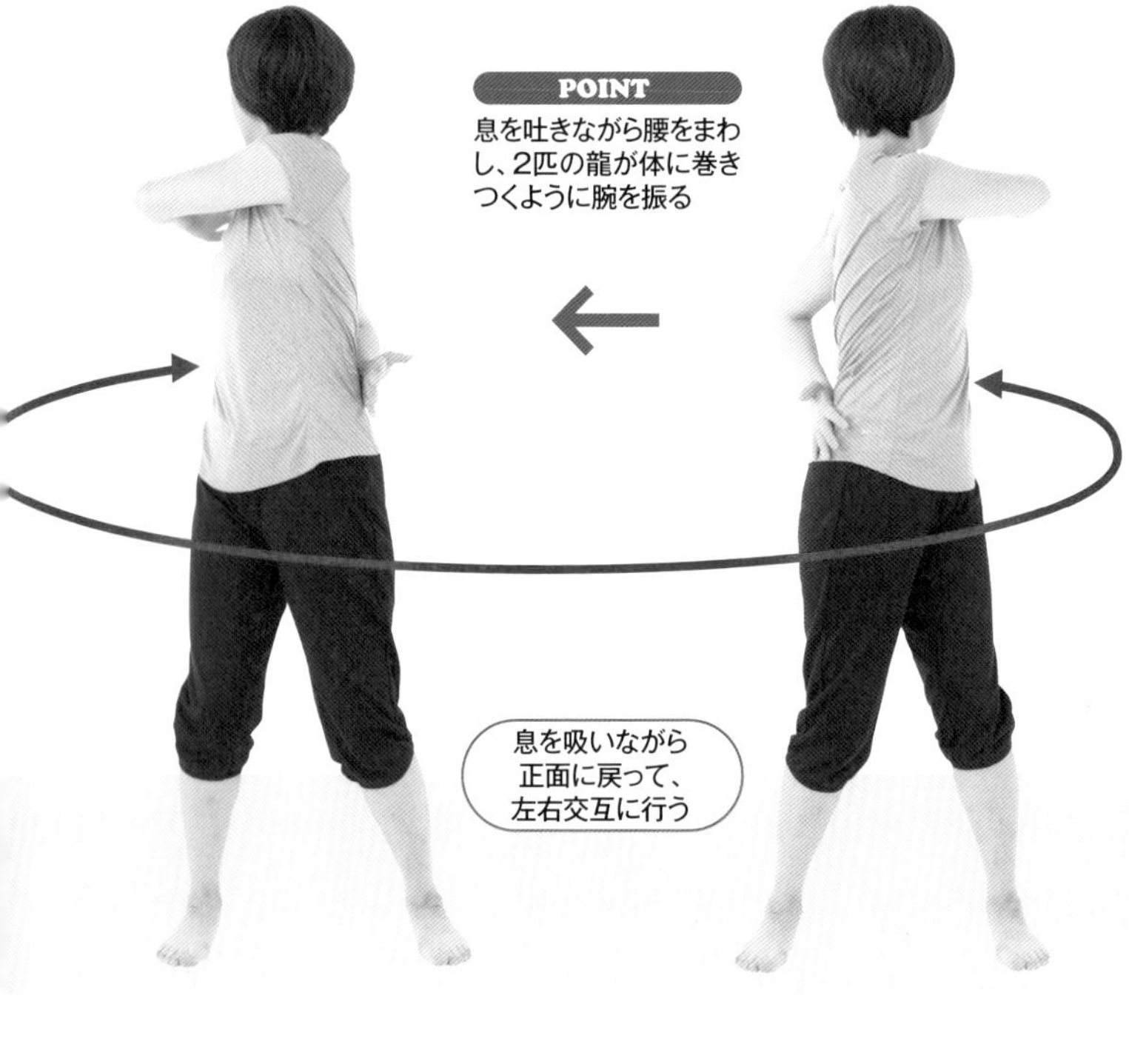

POINT

息を吐きながら腰をまわし、2匹の龍が体に巻きつくように腕を振る

息を吸いながら正面に戻って、左右交互に行う

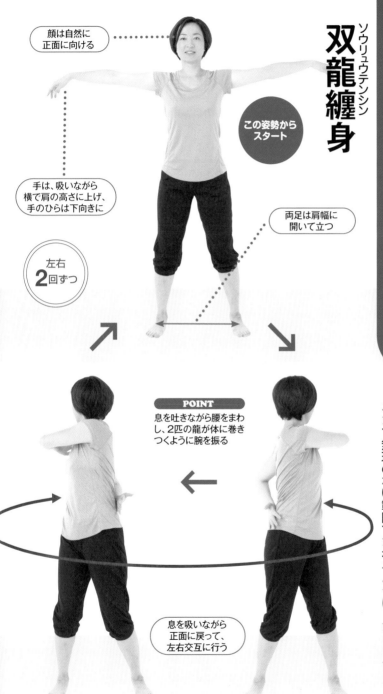

体の不調

不眠改善

動画でチェック!

開合椿《カイゴウトウ》

この姿勢からスタート

POINT
両手を肩の高さで、指先を向かい合わせ、10cmほど間隔を開ける

膝、股関節を緩める

両足は肩幅よりわずかに広く開く

10回

POINT
息を吐きながら腰を沈めつつ、腕を体に寄せ、吸いながらもとの位置に立ち上がり、腕を戻す

風船をかかえるイメージで屈伸

イメージの風船を体の前にかかえて、屈伸を行います。呼吸のペースに合わせた緩やかな動作が、休息モードへと導き、入眠しやすくなります。

足底こすり

失眠《しつみん》と湧泉《ゆうせん》を刺激する

足底には、睡眠のための重要なツボが2つあります。ひとつは、かかとの中央にある失眠。もうひとつは、前より3分の1にある湧泉です。足底を50回こすります。

POINT
2つのツボを含む足裏全体をこすることで、入眠しやすく導く

50回

体の不調

肩こり改善

鉤手通経法《コウシュツウケイホウ》

動画でチェック!

顔は自然に
正面に向けておく
POINT
両手は指先を一点に集めた鉤手で肩の高さに上げる。指先を外まわし3回、内まわし3回
股関節、膝は
少し緩めてリラックス
両足は肩幅に
開いて立つ
内側・外側
3回ずつ

指先を下に向けたまま
頭上に上げ、内まわし3回、
外まわし3回

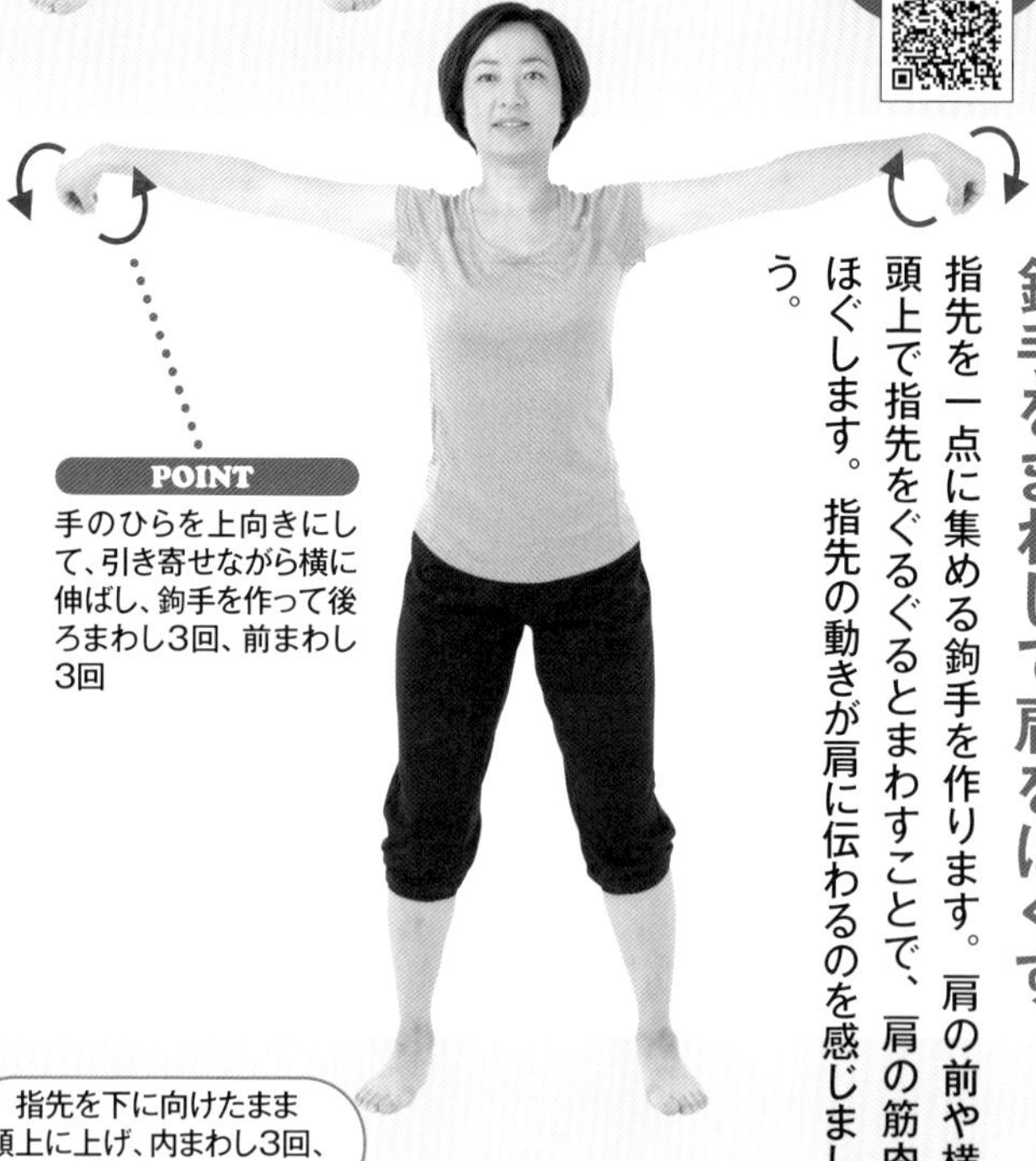

POINT
手のひらを上向きにして、引き寄せながら横に伸ばし、鉤手を作って後ろまわし3回、前まわし3回

鉤手《こうしゅ》をまわして肩をほぐす

指先を一点に集める鉤手を作ります。肩の前や横、頭上で指先をぐるぐるとまわすことで、肩の筋肉をほぐします。指先の動きが肩に伝わるのを感じましょう。

亀形《カメガタ》

肩を落とす、まわし上げる

肩を上げてはストンと落としたり、前からまわし上げて胸を開いたり、後ろからまわし上げて背中を開いたりする動作により、肩の筋肉を効果的にほぐします。

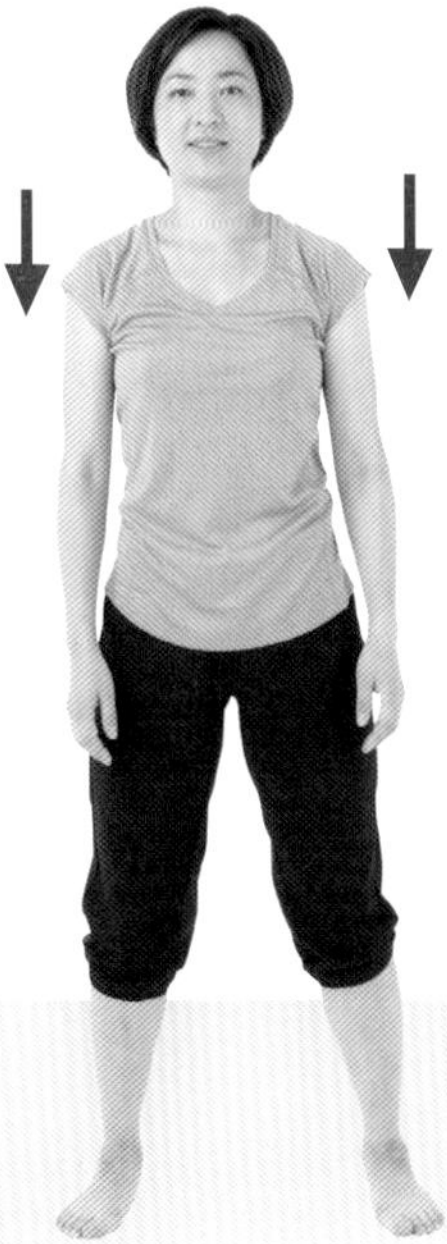

3回

POINT

鼻で息を吸いながら肩を上げ、一気に吐いて落とす

POINT

息を吸いながら肩を前からまわし上げ、吐きながら胸を開く

3回

POINT

息を吸いながら肩を後ろからまわし上げ、吐きながら背中を開く

3回

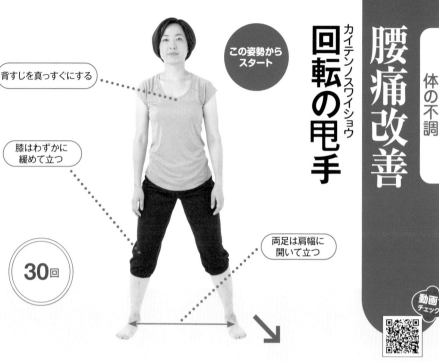

腰痛改善

回転の甩手《カイテンノスワイショウ》

動画でチェック!

この姿勢からスタート
背すじを真っすぐにする
膝はわずかに緩めて立つ
両足は肩幅に開いて立つ
30回

デンデン太鼓のようにぶらぶら

デンデン太鼓のように、腰を左右にまわして、腕をぶらぶら回転させます。体と相談しながら一度ピークを作り、その後、徐々に動きを小さくしていきましょう。

腕が巻きつくときに、口からフッと吐く
POINT
腕、肩は脱力状態で、デンデン太鼓のように腰でぶらぶら回転させる

倒巻肱《ダオジュエンゴン》

後ろ歩きで、前のつま先を上げる

後ろにゆっくりと歩きながら、手を引いたり、押し出したりします。後ろに下がるときに、前のつま先をしっかりと上げることが重要なポイントです。

右足体重で
左かかとを前につけ、
左手を上、右手を
下に構える
顔と手が同時に
返って前を向く

POINT
右手を後ろに広げ、手のひらを外向きにする

9回

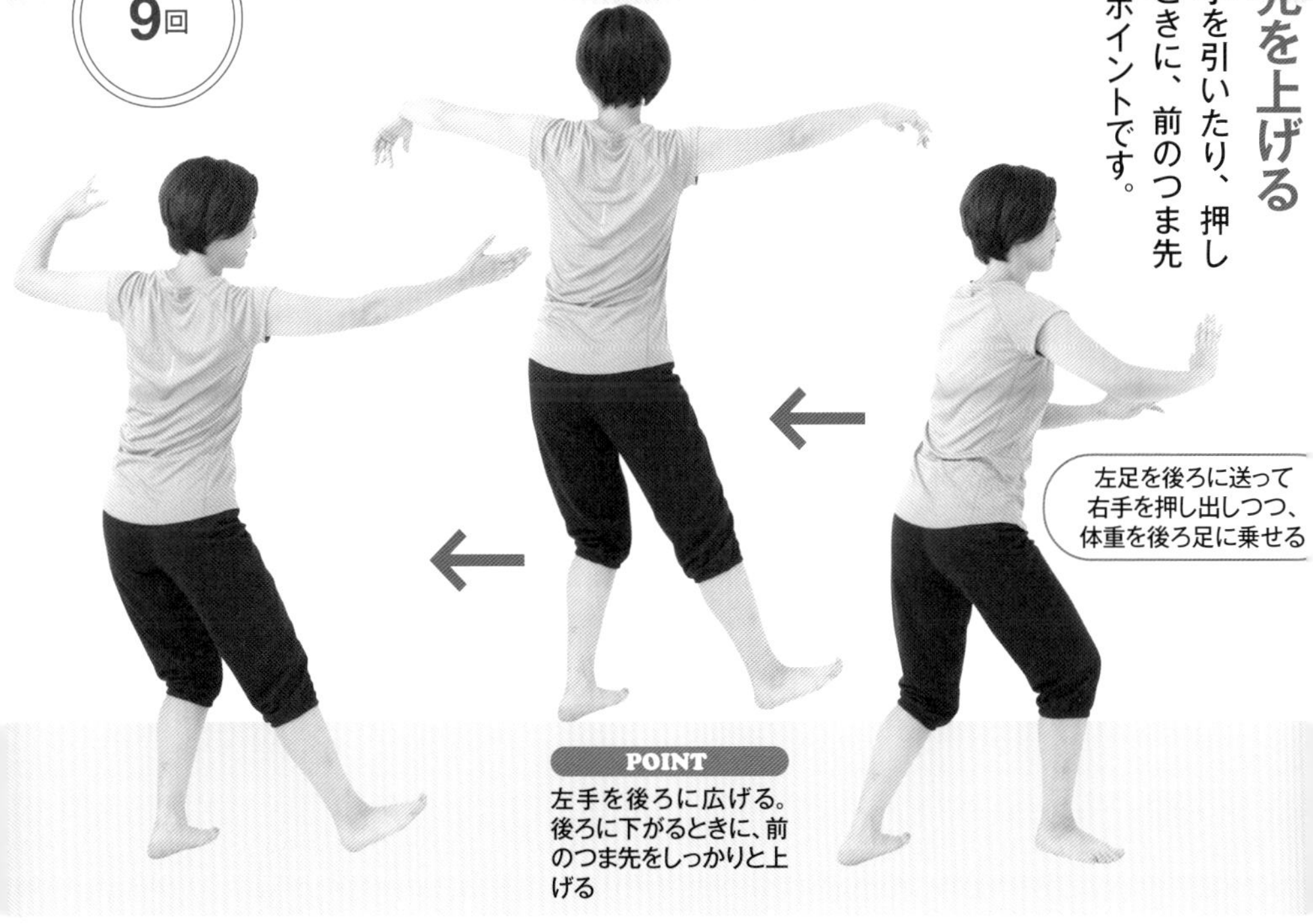
左足を後ろに送って
右手を押し出しつつ、
体重を後ろ足に乗せる

POINT
左手を後ろに広げる。後ろに下がるときに、前のつま先をしっかりと上げる

体の不調

便秘改善

双臂動功1《ソウヒドウコウ1》

動画でチェック!

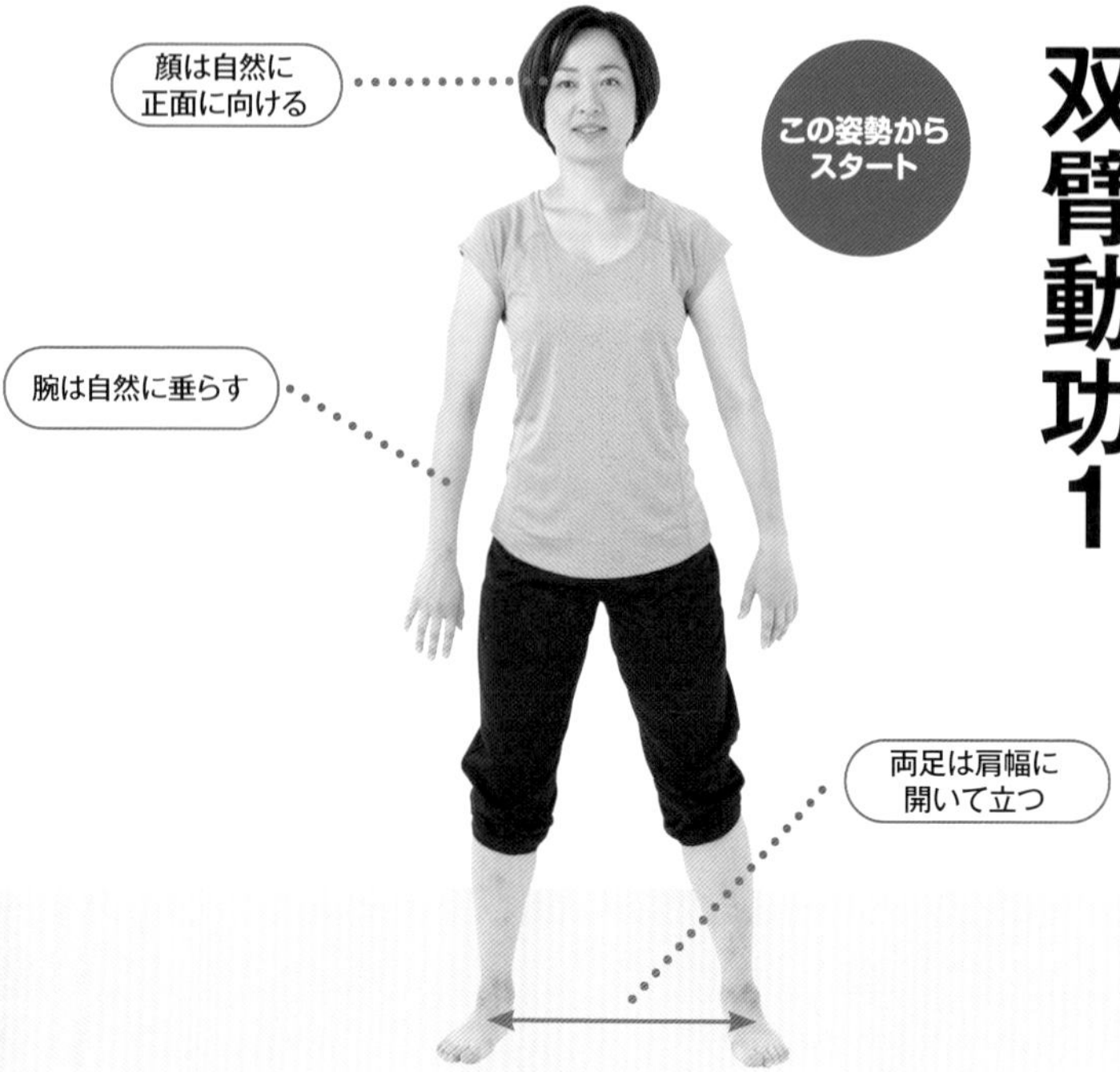
顔は自然に
正面に向ける
この姿勢から
スタート
腕は自然に垂らす
両足は肩幅に
開いて立つ

ツボを意識しながら腕をひねる

便秘は熱にあぶられ、便が硬化して起こります。「大《だい》陵《りょう》」「神門《しんもん》」が熱を清め、「孔最《こうさい》」が大腸を活性化。また、腕を外にねじる動きが、大腸に対して排便方向への力を加えます。

POINT

腕を自然に垂らしたときに「大陵」「神門」に、外にひねるときに「孔最」に注意を向ける。慣れないうちは心の中で「大陵」「神門」「孔最」と唱えながら。これをひたすら繰り返す

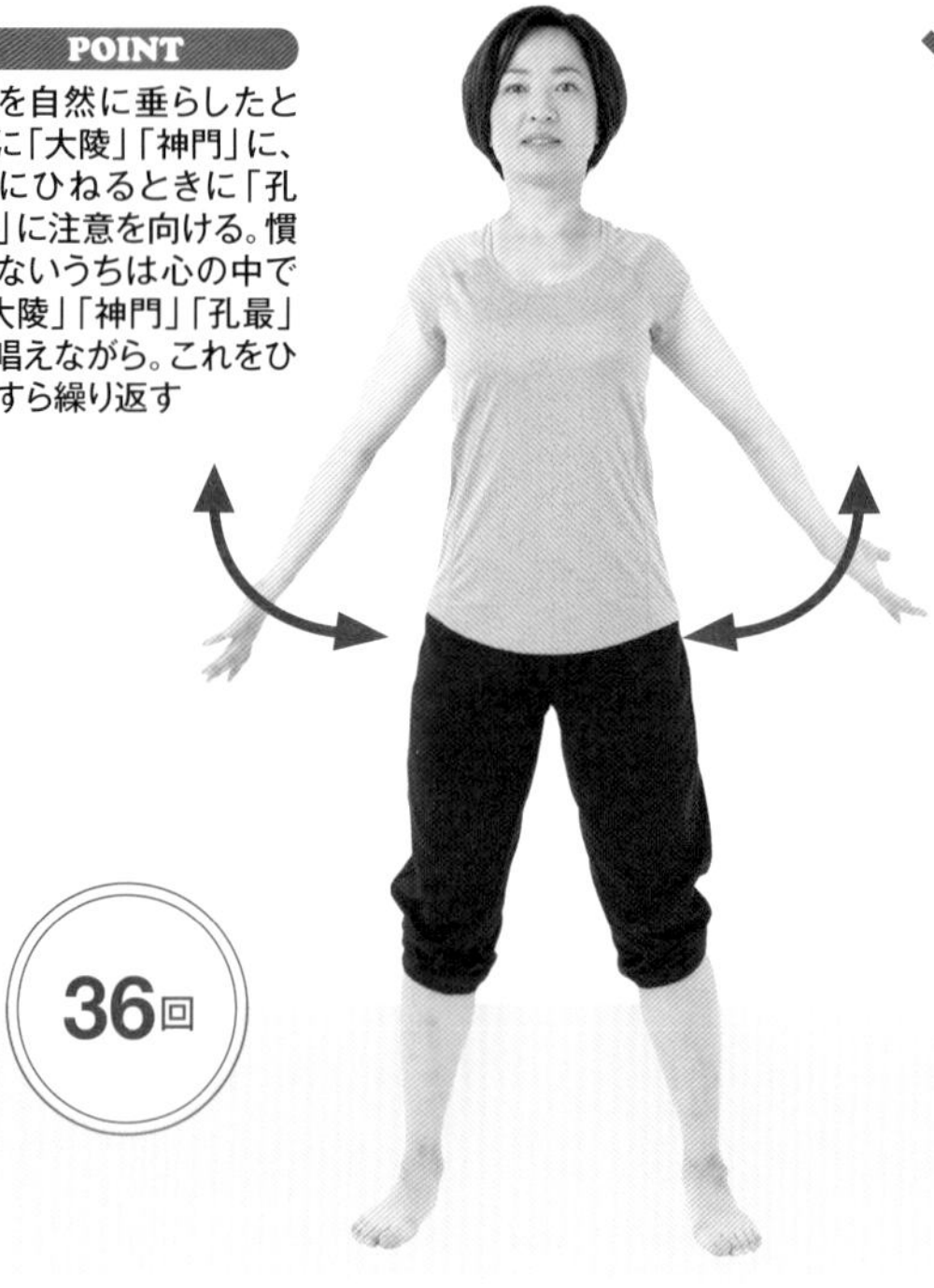
36回

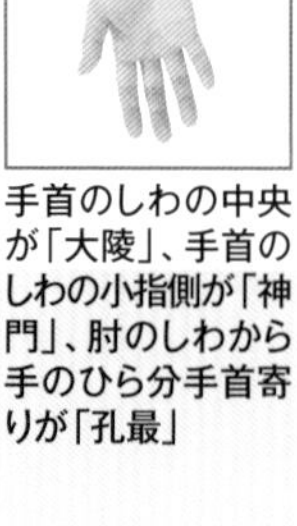
ツボ

手首のしわの中央が「大陵」、手首のしわの小指側が「神門」、肘のしわから手のひら分手首寄りが「孔最」

金鶏独立《チンジードーリー》

手で反対側の足首を触りにいく

片手で、反対側の足首を触りにいくようにゆっくりと動作します。この動きによって、腸管に刺激を与え、排便を促します。左右交互に繰り返しましょう。

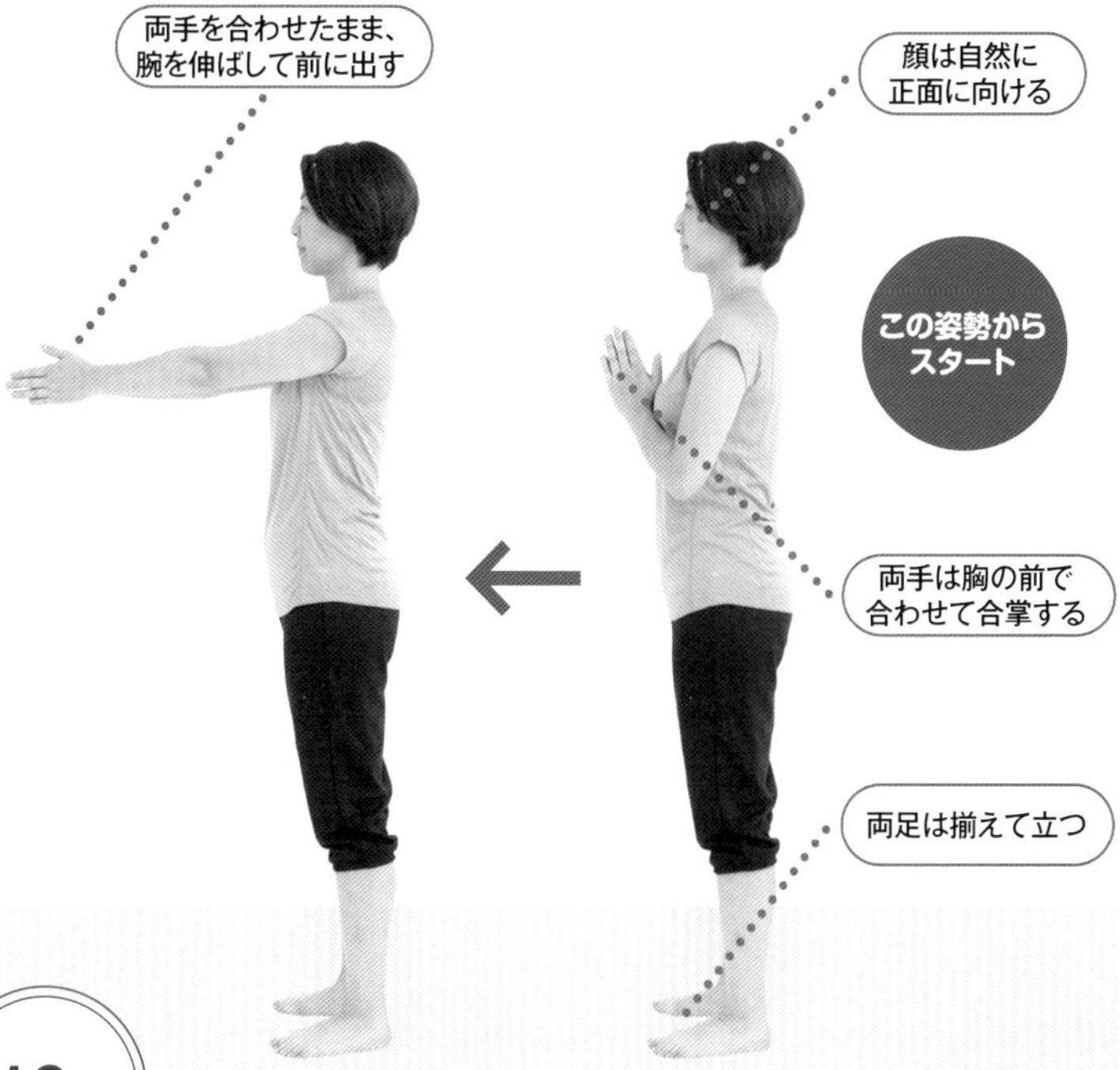
両手を合わせたまま、腕を伸ばして前に出す
顔は自然に正面に向ける
この姿勢からスタート
両手は胸の前で合わせて合掌する
両足は揃えて立つ

10回

左
右

POINT
右手で左足首を触るつもりで左膝を水平に上げ、左手は高く頭上へ上げる

体の不調

下痢改善

双臂動功2《ソウヒドウコウ2》

この姿勢からスタート

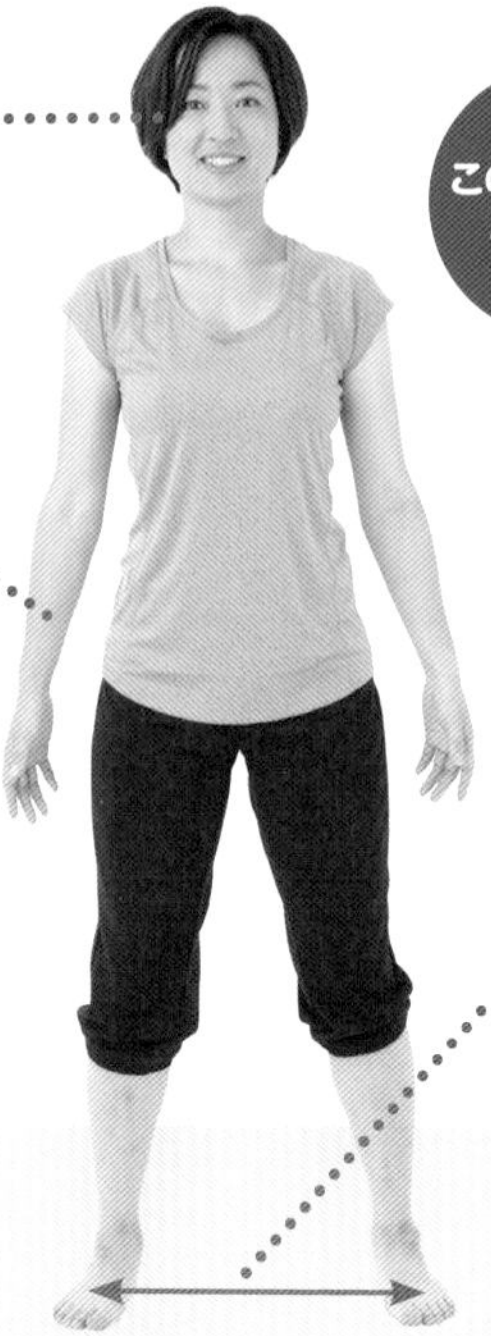

顔は自然に
正面に向ける
腕は自然に垂らす
両足は肩幅に
開いて立つ

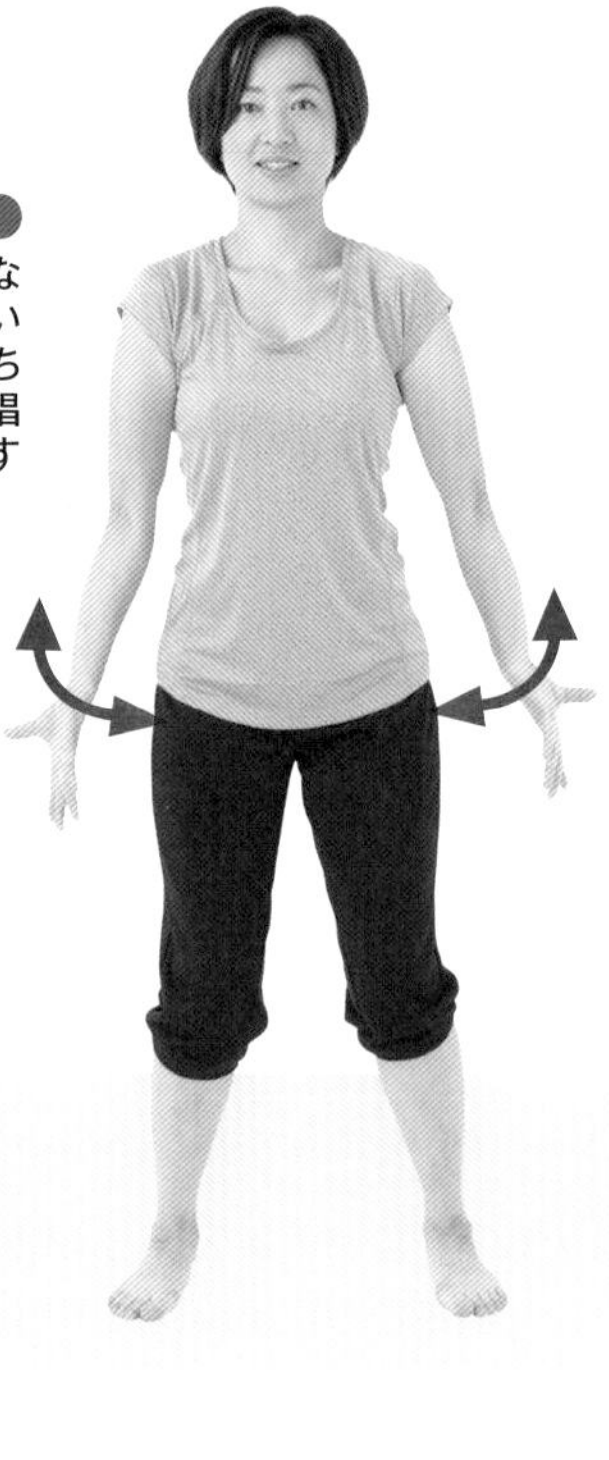

POINT

「合谷」に注意を向けながら、腕を内へいっぱいにひねる。慣れないうちは心の中で「合谷」と唱えながら。これをひたすら繰り返す

36回

「合谷《ごうこく》」を意識しながら腕をひねる

下痢止め効果があるツボ「合谷」に注意を向けるとともに、腕を内にひねることで肛門を持ち上げるような力を発生させます。また排便と逆方向の力を大腸に加えます。

ツボ

人差し指と親指を閉じてできる高まりに、下痢止め効果のあるツボ「合谷」がある

動画でチェック!

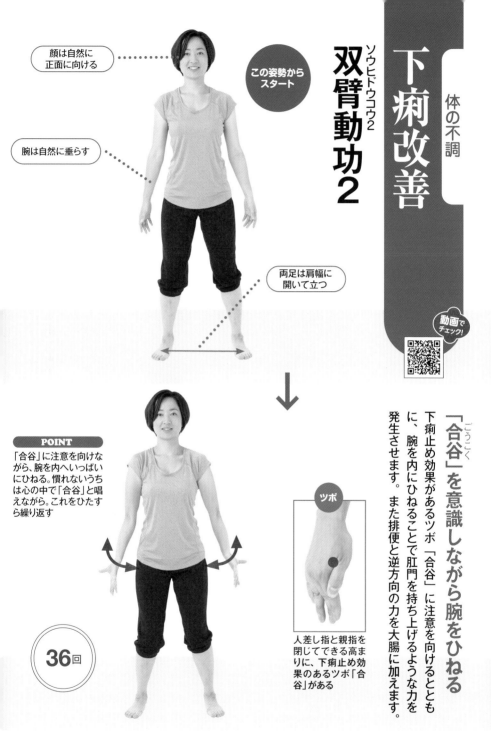

体の不調

過食症改善

拝仏椿《ハイブツトウ》

動画でチェック!

この姿勢からスタート

2分

目は半眼

POINT
両足は肩幅で、つま先を平行の状態から踵を開き、内股になって、膝を緩める

↓

POINT
半眼で指先の延長線上を見るようにする

手を垂らした状態から、肘を体につけた状態で合掌し、指先を斜め前に向ける

胃腸の働きが抑制され、心も静まる

合掌した指先の延長線上を見る

足は内股で、手は合掌。手の指先を斜め前に向けて、半眼で指先の延長線上を見ます。胃腸の働きが抑えられ、心も静まるので、過度の食欲も抑制されます。

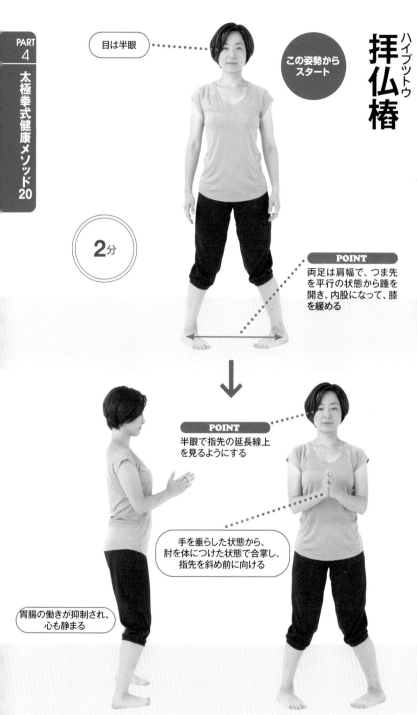

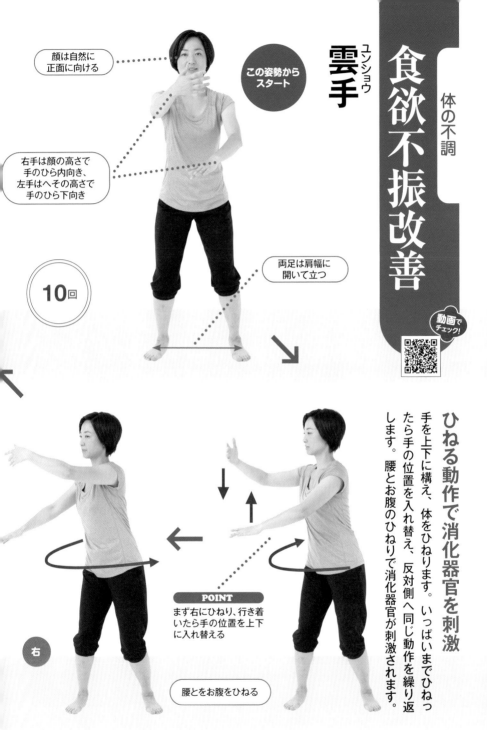

食欲不振改善

動画でチェック!

雲手《ユンショウ》

この姿勢からスタート

顔は自然に
正面に向ける
右手は顔の高さで
手のひら内向き、
左手はへその高さで
手のひら下向き
両足は肩幅に
開いて立つ

10回

ひねる動作で消化器官を刺激

手を上下に構え、体をひねります。いっぱいまでひねったら手の位置を入れ替え、反対側へ同じ動作を繰り返します。腰とお腹のひねりで消化器官が刺激されます。

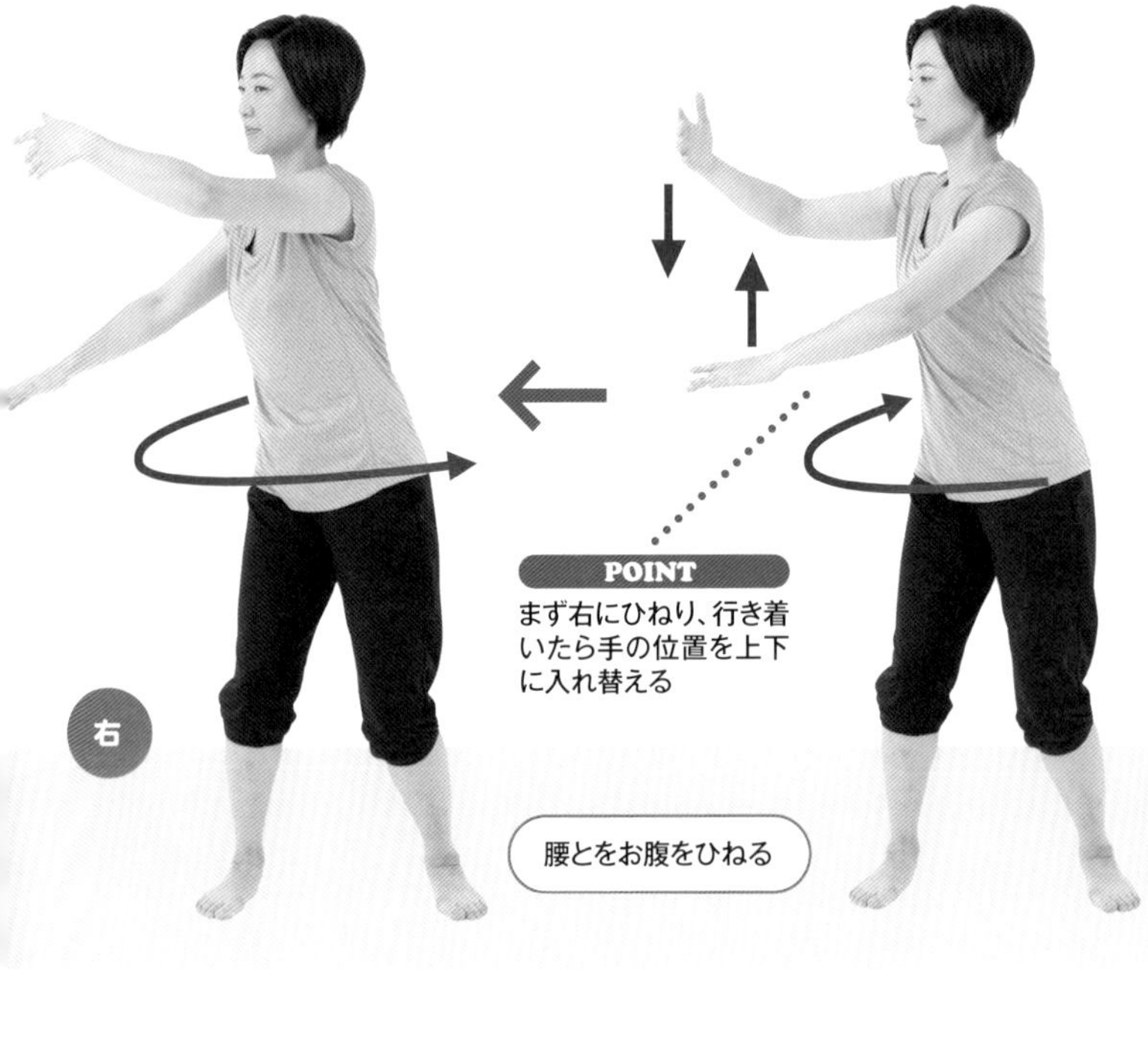
右
腰とをお腹をひねる

POINT

まず右にひねり、行き着いたら手の位置を上下に入れ替える

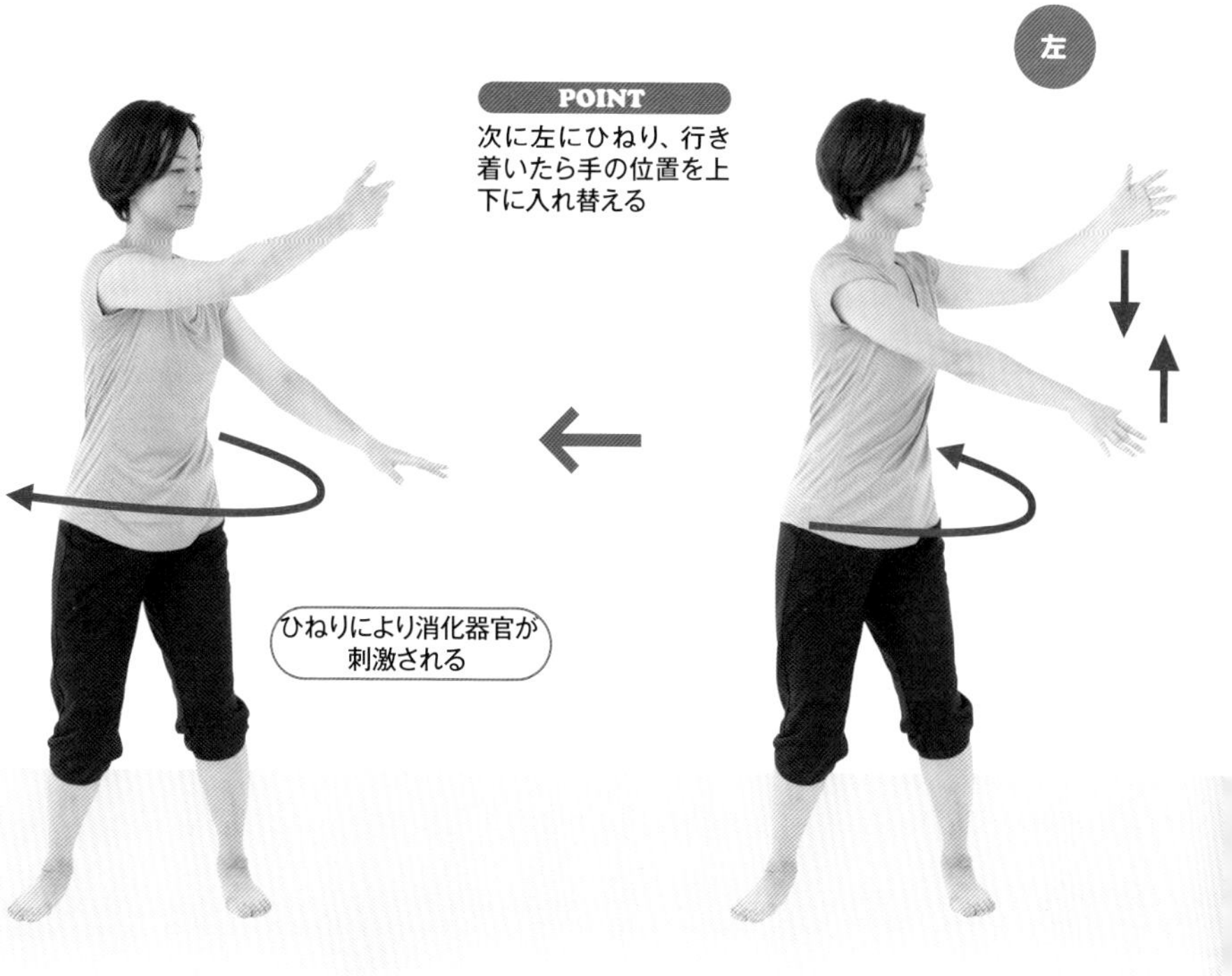
左
POINT
次に左にひねり、行き着いたら手の位置を上下に入れ替える
ひねりにより消化器官が刺激される

中脘の手当《チュウカンノテアテ》

「中脘《ちゅうかん》」に手を当ててリラックス

「中脘」というツボに両手を重ねて当てます。「中脘」はへそとみぞおちの真ん中にあります。目を閉じて30秒ほど静止。セルフの手当てでリラックスできます。

目を閉じて、30秒ほど静かにする
POINT
女性は右手、男性は左手が下になるように、両手を重ねて「中脘」に当てる
30秒
足は肩幅に開いて立つ

体の不調

冷え性改善

動画でチェック!

抖動法《トウドウホウ》

膝の屈伸で全身をゆする

膝を小刻みに屈伸することで、全身60兆の細胞をゆさぶって活性化。同時に血流を改善することで、体を温めます。自分の心地よい速さとリズムで行いましょう。

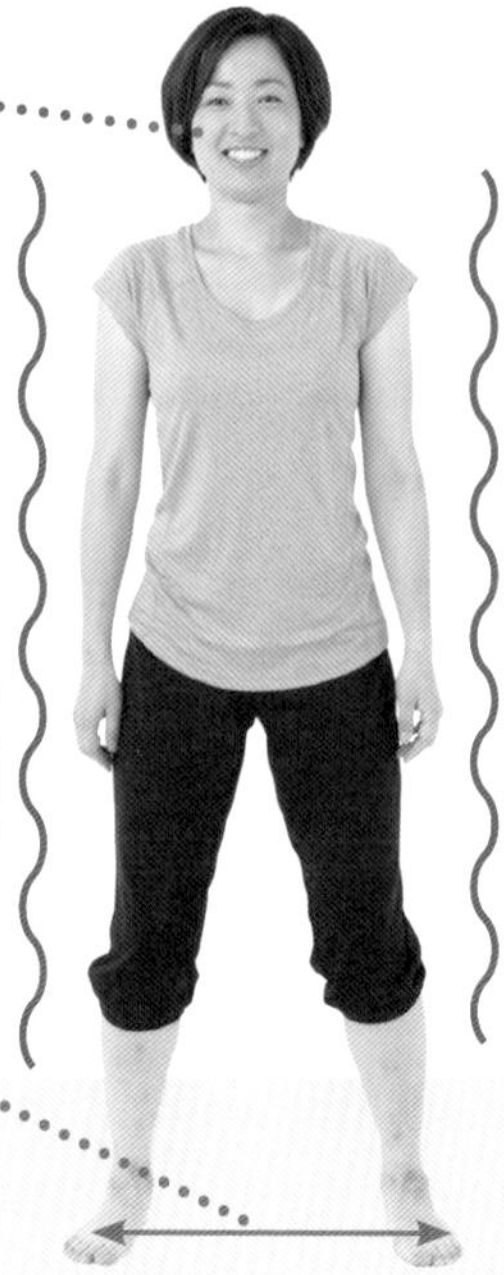
目元、眉間を緩めて「ニコッ」とする
POINT
全身を脱力して膝の屈伸でゆすり、振動を末端まで行き渡らせる
ぶるぶる
ぶるぶる
30秒
足は肩幅に開いて立つ

腎《ジン》の手当

手を腎に当てて温める

中国医学では腎を生命力の大元と捉え、ここを温めると、全身も温かくなると考えます。手のひらを摩擦し温めて、目を閉じて、背中に手を当て、30秒ほどセルフの手当てをしましょう。

POINT
両手を50回こすり合わせて手のひらを熱くする
50回

POINT
へその真裏の両横に手を当て、静かにセルフの手当てをする
30秒

体の不調

血行促進

提肛呼吸法《テイコウコキュウホウ》

動画でチェック!

垂らした両手を、
鼻から息を吸いながら
肛門を引き上げ、下腹をへこませて、
拳を握りつつ上げていく
この姿勢からスタート
足は肩幅に
開いて立つ
5回

血液を心臓に戻す

人間は直立二足歩行になったので、四つ足動物よりも心臓が高い位置にあります。お腹の血流が心臓に戻りにくい状態に。腹圧を大きく変える呼吸で血行を促進しましょう。

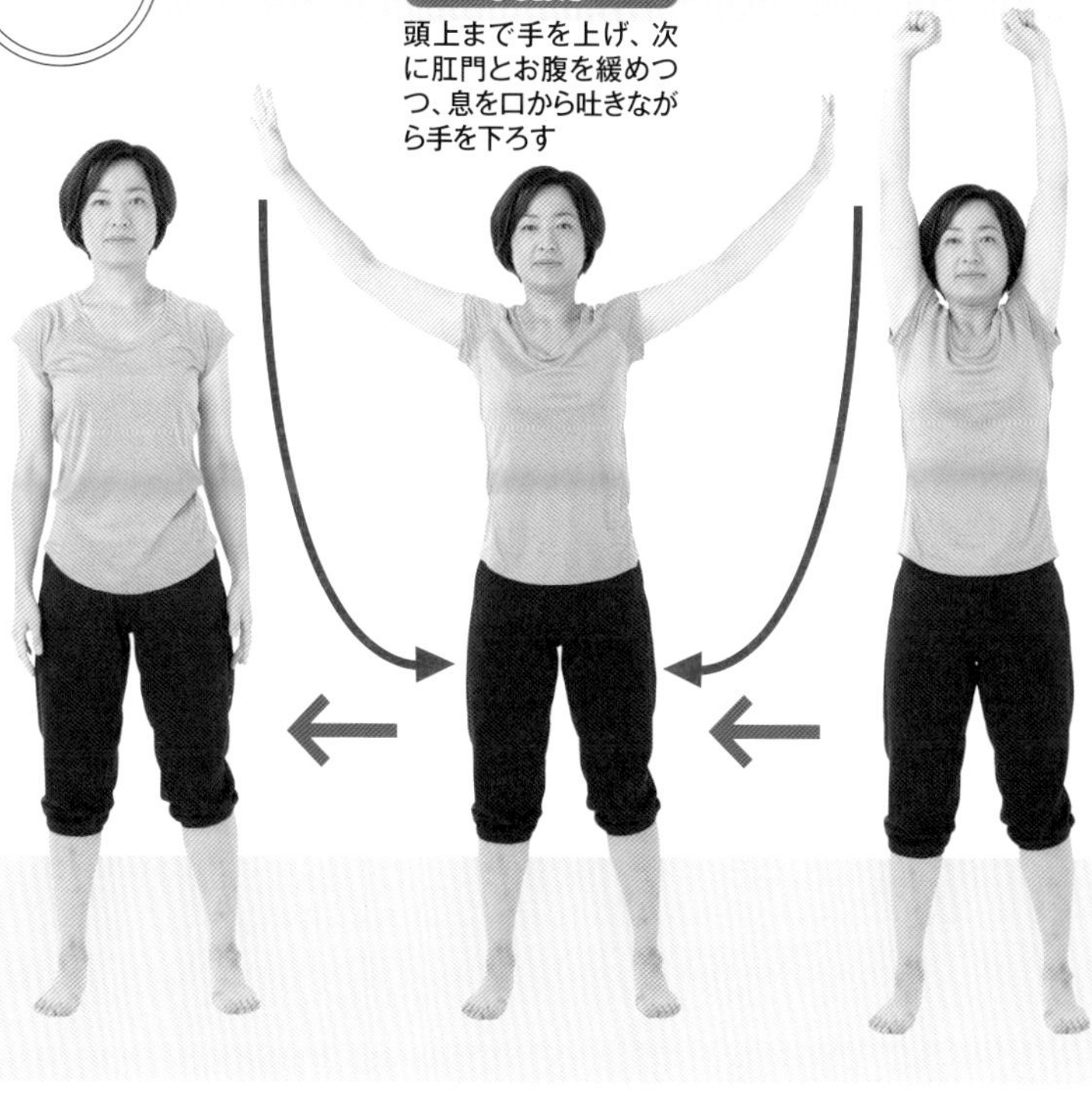
POINT
頭上まで手を上げ、次に肛門とお腹を緩めつつ、息を口から吐きながら手を下ろす

体の不調

全身疲労改善

馬抖毛《バトウモウ》

動画でチェック!

この姿勢からスタート

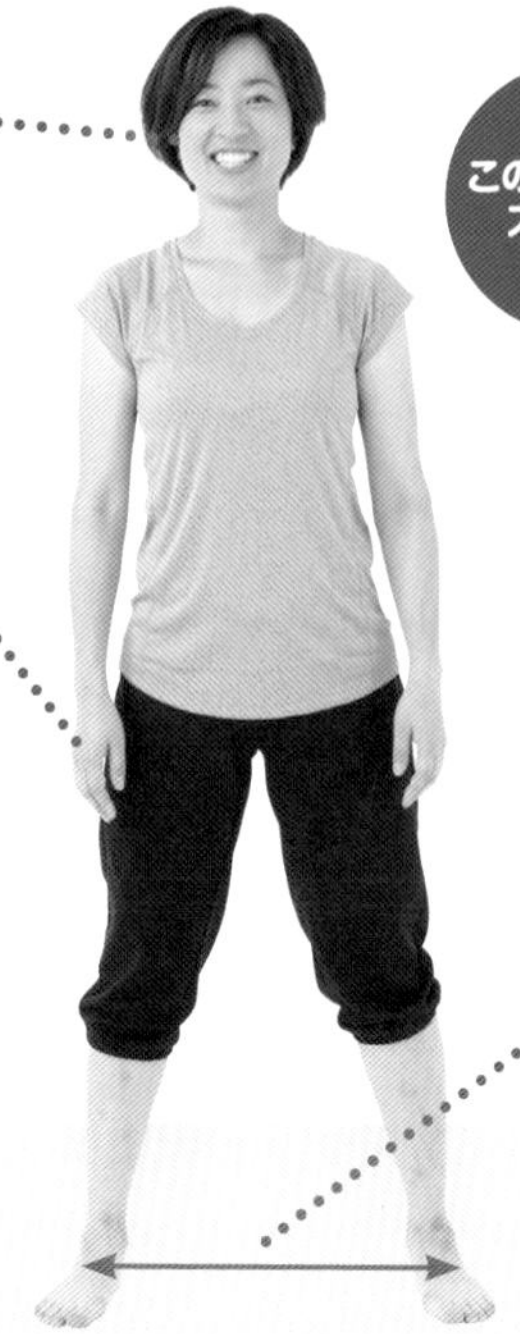

表情を緩めて
リラックス
手は自然に垂らす
足は肩幅に
開いて立つ

ゆする動作に緩急をつける

鼻から息を吸いながらゆっくりゆさぶり、口から息を吐きながら急速でゆさぶる運動を、姿勢を変えながら繰り返します。呼吸に合わせてスピードの緩急をつけて行います。

POINT
前屈し、肩をゆらす。呼吸に合わせてスピードの緩急をつける

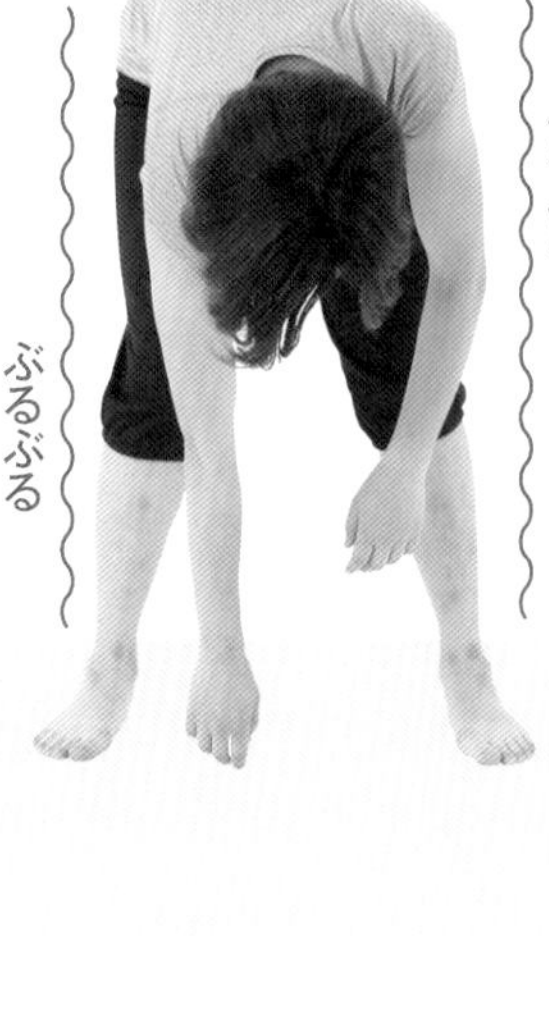

息を吸いながら
肩をゆっくりゆらす
ぶるぶる
息を吐きながら
肩を急速でゆらす
ぶるぶる

3回

立ち上がり、両手を肩の高さで前に上げ、息を吸いながら腰をゆっくりゆらし、息を吐きながら急速でゆらす

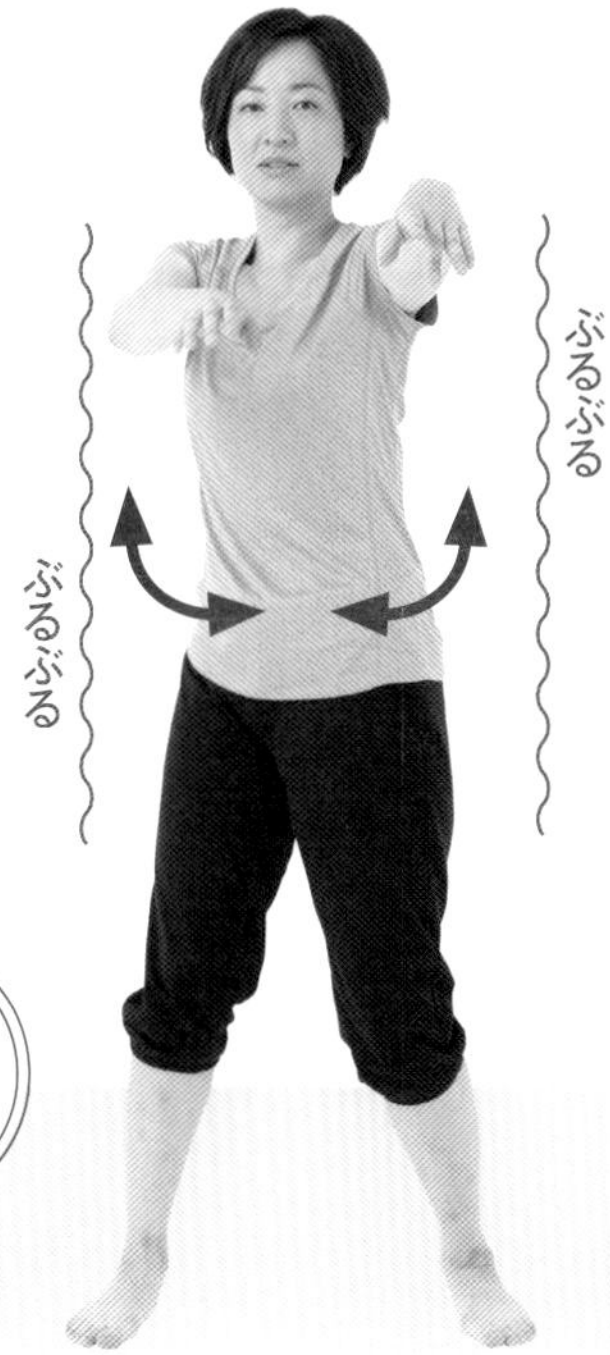
ぶるぶる
ぶるぶる

3回

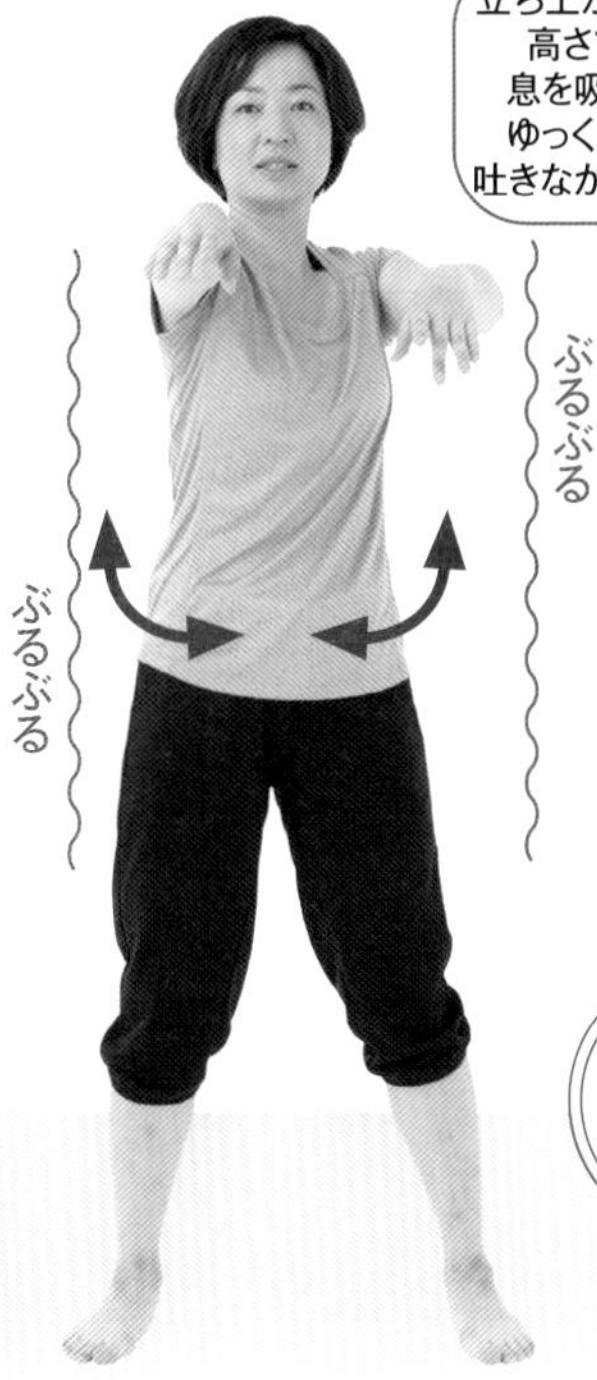
ぶるぶる
ぶるぶる

3回

両手を横一文字にし、息を吸いながらゆっくりゆらし、吐きながら急速で腰をゆらす

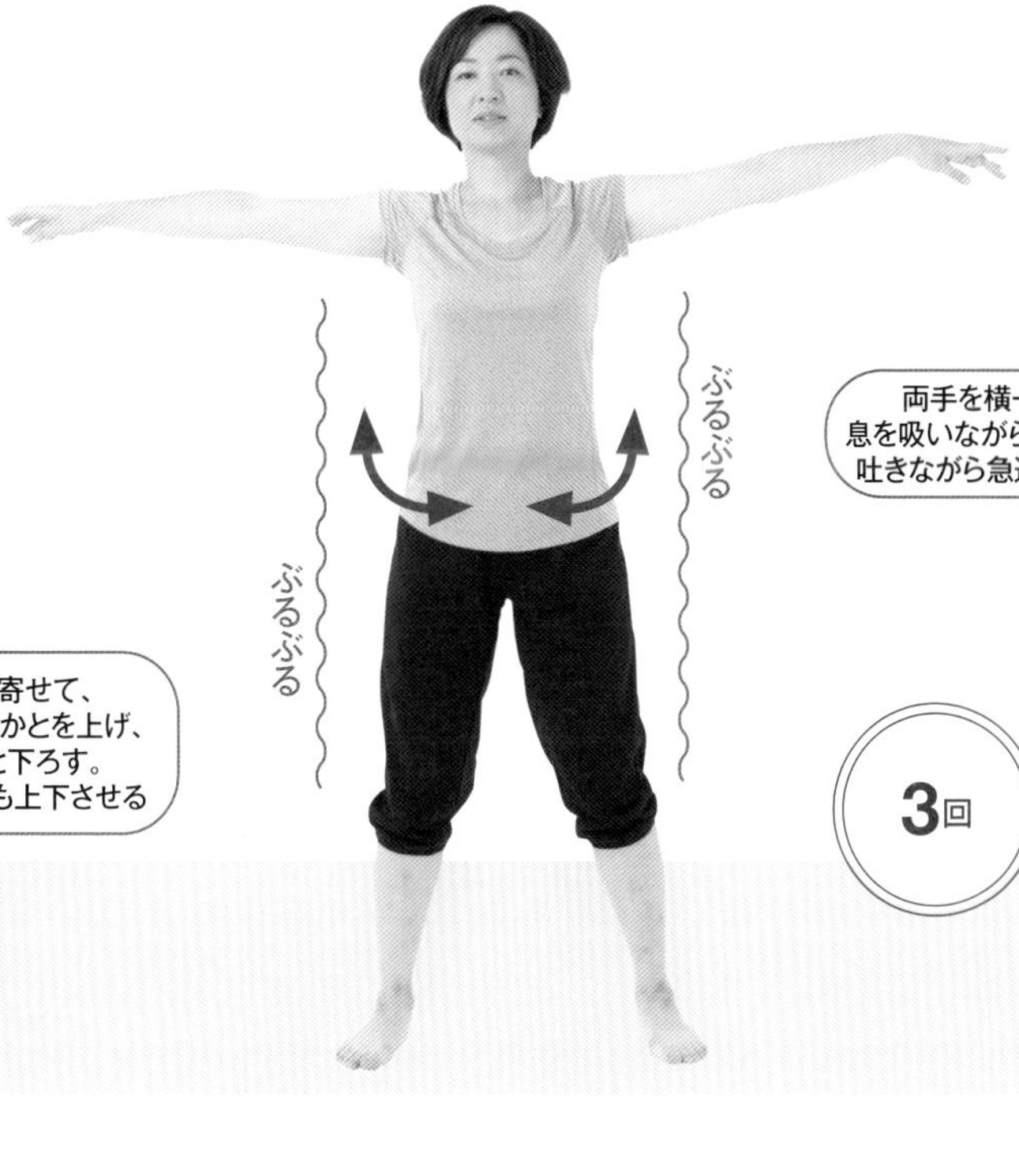
ぶるぶる
ぶるぶる

3回

最後に左足を寄せて、息を吸いながらかかとを上げ、吐いてストンと下ろす。この時、同時に手も上下させる

体の不調

高血圧改善

起勢《チーシ》

この姿勢からスタート

動画でチェック!

10回

POINT

手を肩の高さまで上げ、ヘソまで下ろす動作を繰り返す

呼吸に合わせて上下動

鼻から息を吸いながら両手を肩まで上げ、口から息を吐きながら肘から下ろす動作を膝の屈伸に合わせて、繰り返します。自然な呼吸のペースに動作を合わせることでより優れた改善効果が期待できます。

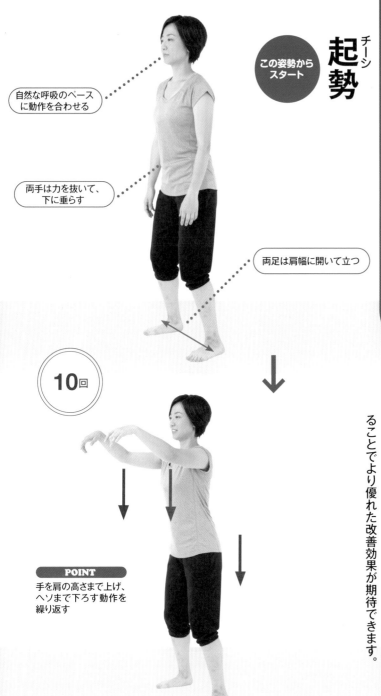

メンタル

リラックス

無極椿《ムキョクトウ》

この姿勢からスタート

動画でチェック!

「眉間」「口元」「会陰《えいん》」を緩める

眉間と口元を緩めると首、肩が脱力し、横隔膜も下がるため呼吸が深くなります。そして「会陰」を緩めることで骨盤から下が緩み、呼吸がさらに深まります。

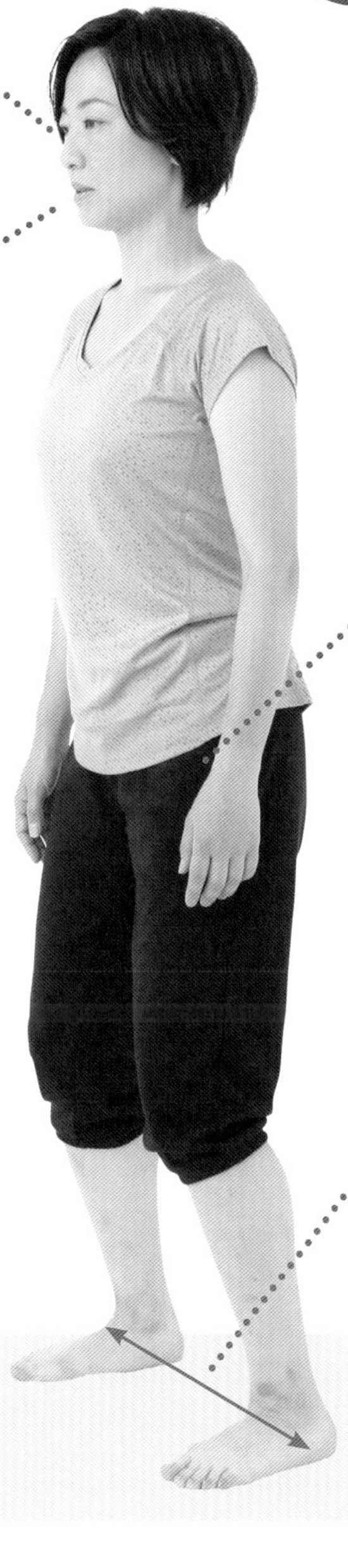

目は閉じながら半眼に

眉間、口元を緩める

2分

POINT
肛門と生殖器の中間のツボ「会陰」を緩める

POINT
眉間、口元、会陰の3点を緩めて呼吸に注意を向ける

両足は肩幅に開いて立つ

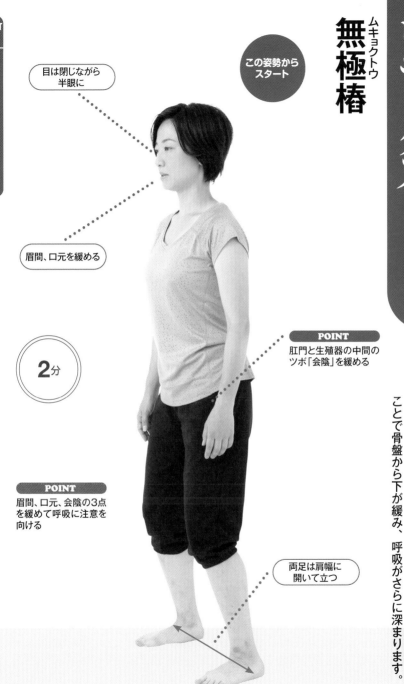

メンタル

ストレス解消

焼丹呼吸法《ショウタンコキュウホウ》

動画でチェック!

この姿勢からスタート

顔は自然に正面に向ける
両手はリラックスして垂らす
両足は肩幅に開いて立つ

3回

POINT
手は横から下ろしていく

両手のひらを上向きにして、下腹の前で構える
鼻から息を吸いながら、手を頭上に上げる
口から息を吐きながら手を下ろす

大きなお辞儀で腹式呼吸

腹式呼吸を、大きなお辞儀の動作を伴いながら行います。ストレス解消に効果的。普通の腹式呼吸よりも、より深い呼吸が自然にできるようになります。

手を前に
出していく
手のひらを上向きにし、
さらに息を吐き続ける
POINT
呼吸にお辞儀の動作を
合わせる
深くお辞儀をして、
息を吐き切る

息を吸いながら
立ち上がる
POINT
手は足に沿わせる
息を吸いながら
手を肩の高さへ
最後に息を吐きながら
ゆっくり手を下ろす

メンタル

集中力アップ

中和功《チュウワコウ》

動画でチェック!

酸素を取り込み、脳に「喝」を入れる

大きな呼吸で、酸素を十分に取り込み、集中力をアップさせます。なおかつかかとをストンと落とす振動で、脳に適度な「喝」を入れて覚醒させます。

この姿勢からスタート
顔は自然に正面に向ける
両手は下腹の前で手のひらを下向きに組む
両足は肩幅に開いて立つ
POINT
鼻から息を吸いながら両手を伸ばしたまま、頭上まで上げる
口から息を吐きながら、上半身を左にいっぱいまでまわす
このあと、鼻から息を吸いながら正面に戻る
3回ずつ

次に、息を吸いながら
正面に戻り
反対側へ同様の動きを行う

POINT

口から息を吐きながら、上半身を右にいっぱいまでまわす

3回ずつ

手のひらを上向きにして頭上に上げ、伸び上がる

POINT

鼻から息を吸いながら踵をいっぱいまで上げる

9回

POINT

口から「ハッ」と発声しながら、息を吐くと同時に、かかとをストンと落とす

落とす振動で
脳に適度な
「喝」を入れる

気力アップ

動画でチェック!

按球椿《アンキュウトウ》

この姿勢からスタート

姿勢と心の相関関係を利用

姿勢と心の相関関係を利用して気力アップを図ります。イメージを伴うこのポーズで、気力とやる気がフツフツ湧いてきます。なるべく遠くまで見渡せる場所で行いましょう。

POINT

顔はやや上を見るように。気分が明るく前向きになる。目は見開くのではなく、獲物を狙う動物のように半眼にする

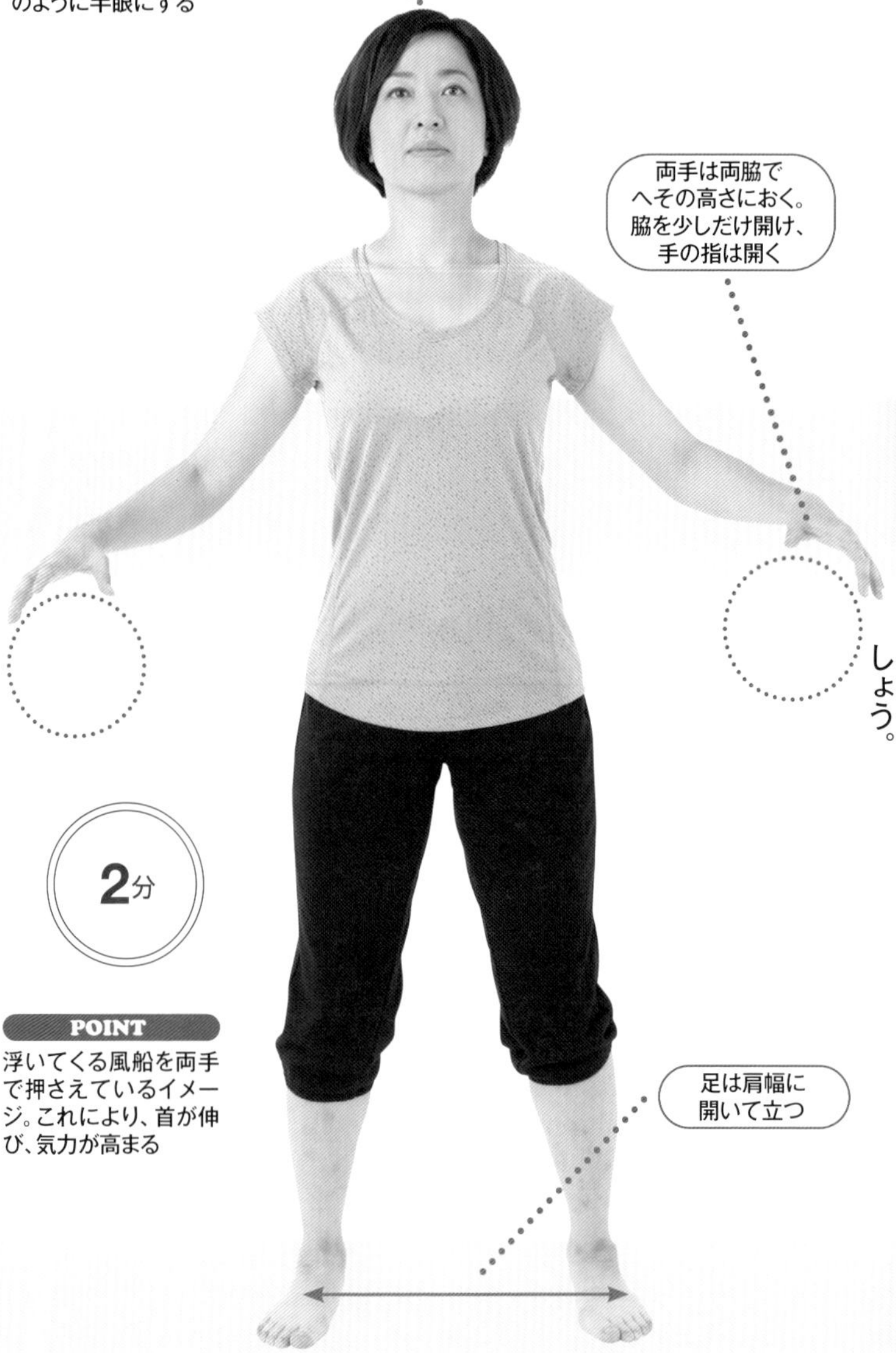
両手は両脇でへその高さにおく。脇を少しだけ開け、手の指は開く
足は肩幅に開いて立つ

2分

POINT

浮いてくる風船を両手で押さえているイメージ。これにより、首が伸び、気力が高まる

PART 5

出会えてよかった太極拳

太極拳にいそしむと、本当に人生が変わります。鵜沼先生もその一人だし、教え子たちも、口を揃えて日々の充実、生活の質的向上を唱えます。だから、本書をきっかけに出会えたなら、読者の皆さんにも続けてほしい。幸せになるための具体的メソッドです。

見よう見まねでOK！
舞であり、哲学であり、武術であり、健康法である
初心者でも効果が出る
早く動作を覚えるには、まずは速く動いてしまおう

見よう見まねでＯＫ！

太極拳の中には難しい動作もあるけれど、「手足の開き具合」やら「背すじ」やらについて、重症患者さんにとっては構っていられないこと。また、呼吸も大事といわれますが、初心者が呼吸を意識すると、動作ができなくなって逆に動きが止まってしまいます。だから、最初は「見よう見まね」でＯＫ。呼吸は動作の押し引きにつられて自然にゆったりと行われるものだからです。

「そんないい加減なやり方で効果があるのか？」といぶかられそうですが、重症患者さんの表情が、やったあとにはみな、パッと明るくなるのが論より証拠。足を高く上げられないし、腰も深く下ろせません。それでも「効いている」のです。むしろ、元気な人ほど格好をつけようとして呼吸を止めてしまったりする。「呼吸法！」などといって力むと、かえってストレスも生じさせかねないのです。

ゆっくりと押し引きしていると、自然と呼吸がゆっくりとなり、自律神経のバランスがよくなります。これによって心も体も同時に整えられてしまう。これが、ほかの気功にもない太極拳独自の「オイシイところ」と鵜沼先生はいいます。しかも、わずか3分間で、その実感が得られるのですから。

CHAPTER 2

舞であり、哲学であり、武術であり、健康法である

太極拳は、舞であり、哲学でもあり、武術でもあり、健康法でもあります。応用領域の広さとして多面的な魅力を輝かせます。

哲学というのは、どういうことでしょうか？『太極拳経』には「己を捨てて、人に従う」とあります。つまり、「自分を捨てて、攻めてきた相手に従うことで、相手が自ら破綻をきたす」のであり、自分から力を出した方が負けという崇高な理念です。

「上善（最上の善）は水の若し」（出典『老子』）。水のように人と争わず、だれもが嫌がる低いところに流れてこそ最上であるという逆説の美学が、太極拳のバックボーンとしてある哲学といえます。

多くの知識人が太極拳に魅力を感じているのは、武道や健康法としての役割のみならず、そこに哲学があるから。「生き方」を教えてくれるのが、太極拳なのです。

太極拳は「生き方」を教えてくれる。ここに、多くの人が救いを求める理由がある。100歳にしてなお美しい呉図南の単鞭（タンビエン）

初心者でも効果が出る

ポーズにとらわれて、1回1回、その形を確認しようとすると、動作が途切れ途切れになって、健康効果が得られません。息も詰まって、気持ちよくないでしょう。呉図南先生のいうとおり、間違ってもいいので、ゆったりとした押し引きを繰り返しましょう。初心者は特に、「ポーズに何か秘訣がある」と思い込みやすいので、注意が必要です。

上達しないと効果が出ないなどとも、思うことなかれ。ごく初めから効いてくれないと、健康法としての意味はありません。だから、見よう見まねで大丈夫。治療の現場では、始めてから2カ月、半年、1年ほどの期間で、その人に適した、その時期に応じた効果が得られています。

その代わり、動作は漠然としていていいから、食事をとるかのごとく、毎日やり続けることが大切です。生活の一部に取り入れてしまいさえすれば、生活の全般に、よい効果が及ぶに違いありません。

CHAPTER 4

早く動作を覚えるには、まずは速く動いてしまうのも手

ゆっくりと流れるように動作する太極拳は、「覚えにくい」ものです。逆に、さっさと動いて区切りをつけて行う動作の方が、よほど覚えやすいでしょう。そのため、初心者はなんとか覚えようと先生を凝視するため、呼吸が止まって「気持ちよくない」というふうに感じてしまいがちです。

太極拳をマスターする筋道は2通り。ひとつは、大雑把な間違った動きでもいいから、止まらずゆっくりと行う方法。始めから見よう見まねで太極拳的な動作を行い、少しずつ長い時間をかけて、細かい部分を徐々に覚えていくというやり方です。

もうひとつは、「最初は気持ちよくなくてもいい」と割り切って、型を覚えるために動作を区切って、速い動きでまず覚えましょう。こちらは太極拳的ではありませんが、全体の流れをつかむのに効率的な方法です。

　ゆっくり流れるような太極拳をなかなか覚えられないというのは、記憶力が悪いからではありません。人間の記憶の仕組みとして、そういうものなのです。なので、気持ちよさや健康効果を当初は度外視しても構わないと割り切るなら、素早い動作で区切りをつけ、まず全体をひと通り覚えてしまうというやり方を採用してもよいでしょう。自分に合った方法を取り入れてみてください。

「10式太極拳」体験談

心身ともに気持ちがよくなる

（埼玉県・桑原さん）

2008年に大腸癌の手術をしました。鵜沼先生の太極拳教室の通い始めたのは、このあとのこと。術後の養生のためと考えたのです。

現在教室では、「準備体操」「10式太極拳」「講話」「気功」の順で１時間のメニューをこなしますが、そのうち「ブラブラ体操」には、慣れ親しんだラジオ体操などにはない動きがあります。

手のひらを上にして両手を組み、息を吸いながら手を上げていき、手が頭上に達したら、動物が目覚めにブルブルっとするように、背骨をゆさぶります。自然に立ったまま体をゆさぶるものですが、これは血流を良くしたり、老化防止に効きます。

でも、そんな効能はさておき、長く教室に通っているのは、穏やかな動きの準備体操や太極拳を行うことで、心身ともに気持ちがよくなるから。「何にどう効くのか」という目先の効果や効率にとらわるまでもなく、「何となく気持ちがよくなる」という精神状態に導かれることで、自然治癒力が高まる効果を実感しています。

「静寂の偉大さ」に気づく

（東京都・川上さん）

鵜沼先生の太極拳を通じて学んだのは、「静寂の偉大さ」です。もともと、賑やかな方が好きで、それがよいと思い込んでいた私でしたが、自分を静めて開放していくには、静かじゃないとできないことがあるということを、学んだのです。似たようなものとしては瞑想などもありますが、太極拳のように体を動かす静けさというものが大好きになりました。

それは、自分にとって必要だったのに、過去にやってことなかったこと。今、主婦になり、時間があるのでここにたどり着いたのだと思います。

だけど、仕事をして、心身にストレスを抱えている人ほど、鵜沼先生が伝えている太極拳的な生き方を、実践されるとよいと思います。ただの健康法にとどまらず、それは、個人個人が生まれ変わることで、混乱した地球全体を変える小さなきっかけにもなるはず。一人でも多くの人に、その良さが伝わればと思います。

生活の中にリズムが生まれる
(東京都・河﨑さん)

50代で過換気症候群を発症し、救急車で２度運ばれました。その瞬間、本当に息ができなくて、「自分に残された生きる時間はあと何分？」と思ったのです。自分が、死と対峙した瞬間でした。電車などの密閉した乗り物に乗ることもできません。それからすごく不安になって、いつ発作が起こるのかという恐怖心にさいなまれました。

鵜沼先生は「宇宙が自分であり、自分が宇宙である」ということをおっしゃいます。その言葉が素直に入ってきて、しだいに死に対する恐怖心が薄れ、気持ちも落ち着くようになりました。

「10式太極拳」をやっていると、生活の中にリズムが生まれます。その安定した小さな気分の積み重ねが、生きる大きな自信につながっているのでしょう。

今の自分がまさに必要としていたもので、心身ともに安らぎを覚えます。「10式太極拳」を、これからもずっと続けていこうと思います。

気持ちの切り替えが上手くなった
(神奈川県・阿部さん)

たった10個の動き、約３分間の太極拳ですが、最初は戸惑いました。気功のように手足の動きがはっきりしていて、一つひとつの動作が体操のように覚えられるのとは違い、太極拳は流れるような動きの中で、手と足を動かさなければなりません。手に神経が行けば、足がおろそかになり、足を意識すると手がついていきません。

最初のうちは先生の太極拳を携帯電話の動画に撮って、毎日２～３回、繰り返し見ながらやり続けました。そのうち好きな動きが出てきて、「10個でも大変」が「10個だから覚えられる」と思えるようになりました。

この「10式太極拳」は仕事の区切りとして毎日、夕方にやっています。たった３分間ですが、ゆっくりとした動きと呼吸によって仕事モードから、日常モードに変わります。気持ちの切り替え、リフレッシュが、上手くなった気がします。そのほかにも、鵜沼先生のメソッドは日常生活のちょっとした時間でできるものが多いので、ちょこちょこやって体と呼吸を整えています。

「10式太極拳」体験談

自然治癒力がアップした実感がある

（東京都・根本さん）

ブラブラ体操も案外、奥が深いんですよ。「リラックスできているだろうか？」と考えている時点で、リラックスできていないのだとか。「本当にリラックスできていれば、そういうことすら考えないものだ」と、鵜沼先生は教えてくれます。

太極拳の教室に通うようになって９年。たまたま子どもを送迎する最中に、何かに導かれるように会場に足を踏み入れたのがきっかけでした。初めてでも「どうぞどうぞ」と言ってくれたので、参加してみると、すごくいい気分になれたのです。

当時、病気をしていたのですが、９年間続けているお陰で再発せず10年が経ち、治った節目を迎えられたと思っています。

こんなに長く続けてこられたのも、自然治癒力がアップした実感があるから。それから、鵜沼先生の人柄に惹かれてのこと。「10式太極拳」は簡単に短時間でできて、しかも24式と同じ効果があるから、本当にお勧めです。

ブラブラ振ると、再生する

（東京都・平田さん）

私は家でヨガを指導しているのですが、鵜沼先生直伝の「ブラブラ体操」を、そこでも使わせていただいています。寒いときにやると、すぐに温まると好評。「若返り」と「老化抑制」のキャッチフレーズを伝えると、みんな大喜びです。タオルを干すときもそうですが、ブラブラ振ると、硬い状態が柔らかくなるじゃないですか。再生するんですよね。

鵜沼先生は、本当に無欲の人。いろいろ教えてくれるのに、一切の見返りも求めません。みんなで「もっと欲を出してもいいのに」って、よく言っているんですよ。「10式太極拳」や、光に包まれるメディテーションを行うと、確実に自然治癒力がアップする自分を感じます。心の汚れが浄化されて、病気が取り除かれるようです。

鵜沼先生は私の希望です。これからも「ブラブラ体操」と「10式太極拳」を続けていきたいと思います。

特別対談

ゆっくり動くだけで、身も心もほぐれる

太極拳の魅力

重症患者の健康回復に太極拳を役立てている帯津良一先生と、「10式太極拳」考案者の鵜沼宏樹先生による対談です。太極拳の魅力について語ってもらいました。

統合針灸治療院元気院長
鵜沼宏樹

帯津三敬病院名誉院長
帯津良一

中国医学の不思議

帯津良一先生（以下帯津） １９８０年代前半は、西洋医学が飛躍的に進歩した時代でした。我々の力で癌を撲滅できると、野望を抱いていました。ところが再発する人のパーセンテージが高く、一方では西洋医学に限界を感じていました。局所を治療することはできるけど、局所と局所のつながりで、何が起きているのか分からない。そこで興味を持ったのが、中国医学だったのです。

北京市肺癌センターに視察に行くと、針麻酔で手術をしていたんですね。見る人をギョッとさせる光景です。手術が始まってちょうど1時間過ぎたときに、３人の外科医が私に会釈したんですよ。中国は演出が上手い国ですよね。日本医学の常識では、手術中に考えられないことです。すると患者さんからも、胸をガバッと切開されている状態で会釈されました。麻酔が切れて苦しむようにしていたら、「合谷」と「三陽絡」のツボに1本ずつ針をチョンとやると、また麻酔が効いて。

針が効く人は「素直な人」、効かない人は「素直ではない人」という

鵜沼宏樹（うぬまひろき）

鍼灸指圧師。中国北京中医学院（現・北京中医薬大学）に留学、卒業後、研究所に勤務。日本で鍼灸・指圧師の資格取得後、再び留学し中医学の研鑽を積む。帰国後帯津三敬病院で治療にあたり、現在統合針灸治療院元気院長。1962年鳥取生まれ。

のですが、手術する前に素直かどうかは分からないじゃないですか。そこで手術する前に3週間、気功をやらせるんです。するとみんな素直になる（笑）。そんな不思議が中国医学にありました。

鵜沼宏樹先生（以下鵜沼）　私が太極拳に触れたのは、80年代の北京留学当初のことでした。太極拳の第一人者である呉《ご》図《と》南《なん》さんが、白髪白髭、丸い眼鏡にチャイナ服の、いかにも老太極拳家の出で立ちで登場。見事な味のある演武をされたのです。

パイプたばこを吸っていて、肉をたくさん食べ、強い酒も飲む。健康にいいことは太極拳しかしていないっていうんです。呉図南さんは私に人差し指を1本差し出し、「ひねるなり折るなりしなさい」と言いました。その指を握ったとたん、私の足が宙に浮いて、ポーンと飛ばされたんです。その瞬間に世界観が変わりました。20歳でしたから、熱病のように太極拳にのぼせちゃったんです。

いやー、太極拳いいんですよ

帯津　太極拳は、家内がたしなんでいたので、手ほどきを受け、病院

帯津良一（おびつりょういち）

帯津三敬病院名誉院長。東京大学医学部卒業後、東大附属病院、都立駒込病院外科医長を経て、1982年、川越に帯津三敬病院を設立。気功、漢方、呼吸法、ホメオパシーなど、東洋、西洋医学の統合による癌治療を行っている。1936年埼玉県生まれ。

でも教え始めました。入院患者さんの朝は早く、早朝から院内をウロウロしているので、この時間を有効活用しようと思ったのです。

鵜沼　帯津三敬病院で働き始めて驚きましたよ。重症の患者さんたちが、太極拳をするんですから。癌が骨転移していて、危ないからさらしで胴体をグルグル巻きにしている人や、酸素ボンベを引いている人もいて。そんな人たちが「いやー、太極拳いいんですよ！」と、嬉々として報告してくれるんです。

帯津　太極拳を始めて2カ月くらいは、まだ動きはバラバラ。でも顔はものすごくよくなってきます。それは、生命のエネルギーが溢れ出ている証拠なんです。

鵜沼　太極拳は、漫然と武術的動作が続くだけでストレッチにもならず、初心者は、呼吸にも構っていられません。ところが動くのがやっとの重症患者さんに、何かが作用しているんです。「格好になっていないのになぜ？」と面白いテーマが立ち表れてきました。患者さんと太極拳をしながら観察して分かったのが3点です。

一つ目は、ゆっくり動くということ。ゆっくり動くときに、速い呼吸をする人はいないんです。それで横隔膜が十分動き、腹式呼吸を自然にさせているんだなと。

二つ目は、武術的な動きであること。打つ、蹴る、押す、この時息を吸う人は一人もいませんでした。どんな重症でフラフラでも。ということは、その前段階で吸うのです。これは連続した武術的動作が、リズミカルな呼吸を自然に作るということです。

三つ目は、手を開放しているのでリラックスすること。打つ動作を空手のように手をギュッと握ってすると、呼吸が止まりますが、開いていると吐くしかないのです。

つまり、格好が悪くても、武術

的動作をゆっくり、手を開いて行うと、号令がなくてもリズミカルなゆっくりした呼吸ができる。これは確かにほかの気功にはない特性です。

ホリスティック医学の追求

帯津　2000年からは「養生塾」を作り、ホリスティック医学を追求してきました。「ボディ」「マインド」「スピリット」の、人間を丸ごと診る医学です。ホリスティック医学では養生が問題になりますが、「何々を控える」といった守りの姿勢ではなく、日々生命エネルギーを蓄え続けて、死ぬときは最高の状態に持っていき、死後の世界に入る。この「攻めの養生」の代表的な方法論を、太極拳と捉えているのです。

鵜沼　私としても、「真伝・秘伝の太極拳」を追求する一方、病院で

特別対談

統合針灸治療院元気院長
鵜沼宏樹
×
帯津三敬病院名誉院長
帯津良一

「養生太極拳の理想型はどうあるべきか」というのが、大きなテーマでした。太極拳を医療として、いかに役立てられるかです。

帯津　太極拳のよさは、ゆっくりとした押し引きの動作で呼吸が自然調整されるところ。何も考えなくても動きに呼吸と身を委ねていれば、自然と心身が整うというのが鵜沼さんの唱道している点ですね。

鵜沼　データとしての裏付けはありませんが、自律神経のバランスが改善することから、免疫や自然治癒力は必ず上がっているはずなんです。そのためのツールとして、何より簡単に毎日できるものとして「10式太極拳」を作ったのです。

太極拳はときめく

帯津　「健康とはダイナミズムである」というのが私の考えで、人間ドックの成績だけがよくてもダメ。生命は躍動するもので、太極拳はその点、

一つひとつの技のつながりである「套《とう》路《ろ》」が大河の流れのごとく、ダイナミズムであるところに生命としてのときめきを覚えるのです。

そして太極拳は、「これでいい」という境地がありません。宮本武蔵がいうのと同じで、つねに上があり、上達の道に終わりがない。終わりがないところに、魅力があるんですよ。

鵜沼　上達の魅力は継続する意欲の向上に役立ちますね。それがまた蓄積効果を生んで、健康にプラスになります。

私が教わっていた外語学院の先生は若いころ、政治的弾圧のストレスによる胃腸障害で痩せていて、動くこともしんどかった。それが公園で始めた太極拳きっかけに元気になったそうです。

呉図南さんも9歳のとき、黄疸、結核、ひきつけがありました。右足が数センチ短い虚弱体質で、太極拳の拳房（清朝の道場）に送り込まれたほどでした。お二人とも具合の悪い状態で太極拳を始めたので、最初は上手にはできなかったろうに、元気になったのです。

上達してから効き始めるのでは、意味がないのです。以前、北戴河《ほくたいが》に行ったときに、脳梗塞の麻痺で半身が動かない50代の方の症例を聞きました。太極拳を続けて1年で、ほぼ回復したそうです。ということは、半身で行う太極拳でも効いていたことになります。始めた当初から少しずつ作用しているわけですね。

粋に生きる

帯津　健康とは、「ダイナミズム」であるのと同時に、一方では「ダンディズム」であるとも思うのです。つまり、「粋に生きる」ということ。単に長生きするだけではなく、粋に生きてこそ、健康であると。

鵜沼　健康で元気であることが長生きにつながるといえますが、呉図南さんも生きた年数が問題ではなく、もともと与えられた「天寿」にどれだけ近いかが大事といっていました。

帯津　養生は、生命を正しく養うこと。養生を、長生きの技と考えたらダメで、長生きすることが養生ではないんですね。これからは、死後も含めたひとつの死生観を築いていくことが大事です。死を日常化していく中で、生き方が輝いてくるんですよ。死の日常化、それを疑似体験できるのが太極拳なのだと思います。

鵜沼　太極拳は優れた面をたくさん持っているのが魅力です。健康法、治療法、東洋のバレエともいわれる優雅な舞でもあります。優れた護身術ですが、ほかの拳法と違って、闘争的になりません。東アジアの哲学の根幹を体で表現するものでもあります。これ程のものは、ほかにはないですよ。さらに、帯津先生の死生観や養生観が加わると、一段上の太極拳文化を発信できる可能性があると思います。

間違ってもいいのが太極拳

帯津　太極拳は、人生の縮図でもあります。その中に起承転結があり、ストーリー性を人生に模すならば、1回の太極拳で一生を体験できるといえます。毎回同じ動作をやっているように見えても、毎回違うのが太極拳です。そういう意味では、一期一会なんですよ。

鵜沼　中国では国策で太極拳を推し進めたので、一歩外に出たらいたるところで太極拳が行われています。しかし日本で毎日するには、自分の部屋の畳一帖分のスペースで、3分間でできる太極拳があればと思い立ったのです。

　厳格で伝統的な太極拳を実践してきた呉図南さんが最後に言い残したのが、「間違っていてもいい」でした。正式に型をなぞるよりも、ポイントはリズミカルなゆっくり呼吸だと私なりに解釈し、出した結論を念頭に先生のクリニックでも「10式太極拳」を取り入れていただきました。実践すれば、日常生活も心穏やかになってバイタリティが溢れ出てくるはず。格好にならなくても十分有益ですから、ぜひ今日から始めてほしいですね。

特別対談

統合針灸治療院元気院長 鵜沼宏樹 × 帯津三敬病院名誉院長 帯津良一

● 企画·編集	スタジオパラム
● Director	清水信次
● Editor & Writer	吉田正広 小田慎一 島上絹子
● Camera	山上　忠
● Design	スタジオパラム
● 動画制作	(株)アクエリアム
● プロデューサー	都澤　勝
● ディレクター	白山貴之
● Special thanks	帯津三敬病院、帯津良一、福嶋みゆき adidas

動画つき
自宅でマスター　はじめての太極拳　新版
10式でかんたん! 1日3分の健康習慣

2024年1月20日　第1版・第1刷発行

監修者　鵜沼　宏樹(うぬま　ひろき)
発行者　株式会社メイツユニバーサルコンテンツ
代表者　大羽 孝志
〒102-0093 東京都千代田区平河町一丁目1-8
印　刷　株式会社厚徳社

◎『メイツ出版』は当社の商標です。

ご意見・ご感想はホームページから承っております。
ウェブサイト https://www.mates-publishing.co.jp/

企画担当：折居かおる／清岡香奈

※本書は2021年発行の『動画つき 自宅でマスター はじめての太極拳 10式でかんたん! 1日3分の健康習慣』の動画の視聴形態を変更し、「新版」として発行したものです。